老年人科学健身指导丛书

健身球操

中国老年人体育协会 编

人民体育出版社

《健身球操》编写组

主　编：林淑英

成　员：刘西玉　罗良友　叶玲美

序

我国的特色社会主义建设进入了一个崭新的时代。与此相关的一个社会问题也出现了，我国步入了老龄化社会，而且人口老龄化进程不断加快。全国65岁及以上老年人占总人口比从1982年的4.9%，上升到2001年的7.1%，2016年达10.8%。另外，我国慢性病患者年轻化趋势明显。在慢性病方面的挑战前所未有：在每年1030万死亡病例中慢性非传染性疾病占比超过 80%。慢性病患病率上升的同时，其知晓率、治疗率、控制率却严重不足。例如，2012年高血压的知晓率、治疗率和控制率分别是46.5%、41.1%、13.8%，成年人糖尿病的各项占比分别为36.1%、33.4%、30.6%。农村地区慢病的知晓率、治疗率和控制率更低。相当规模的人群缺乏自我健康管理的意识和能力，忽视了健康及其投入。

党的十八届五中全会作出推进“健康中国”建设的决策部署。2016年8月，党中央、国务院隆重召开新世纪第一次全国卫生与健康大会，明确了建设健康中国的大政方针；同年10月，发布实施《“健康中国2030”规划纲要》，明确了行动纲领。党的十九大将“实施健康中国战略”提升到国家整体战略层面统筹谋划。从全面建成小康社会到基本实现现代化，再到全面建成社会主义现代化强国，健康中国战略将在每一个阶段与整体战略紧密衔接，以发挥重要支撑作用。这是以习近平同志为核心的党中央从长远发展和时代前沿出发，坚持和发展新时代中国特色社会主义的一项重大战略部署。坚定不移地实施这一战略，促进卫生健康事业发展和人民健康水平持续提升，必将为全面建成小康社会、建成社会主义现代化强国打下坚实的健康根基。

古人早就认识到，“上工治未病，不治已病”。世界卫生组织调查显示，要达到同样的健康标准，所需要的预防投入与治疗费、抢救费比例为1：8.5：100，也就是说预防上多投入1元钱，治疗费就可少花8.5元并节约100元抢救费。

体育在健康中国中有着重要的作用。2014年10月，党中央、国务院就把全民健身上升为国家战略。体育部门在健康中国中肩负着很大的责任，体育工作者有着巨大的工作空间，体育运动在健康中国当中起着不可替代的作用。因此，要充分认识到科学锻炼的重要性。

人民健康是民族昌盛和国家富强的基础条件。随着人们生活水平的不断提高，越来越多的人认识到体育锻炼的重要性，不少人主动参与体育锻炼，健身的需求空前旺盛，健身的愿望空前强烈。

随着参与锻炼人群的不断扩大，健身热潮的不断高涨，科学健身变得越来越重要。现在不少人知道了锻炼的好处，而对于如何锻炼是科学的，锻炼计划是否符合自己的实际情况却不了解。

各个年龄阶段的锻炼项目和运动量是不同的。为了满足老年人科学健身与养生的需求，在中国老年人体育协会的努力及专家、学者的辛勤付出下，终于编写完成了这套《老年人科学健身指导丛书》。

老年人要结合自己的爱好和身体状况，选择一两项既适合自己，又感兴趣的运动项目，科学锻炼，常年坚持，对于老年阶段的快乐、健康的生活会非常有好处。良好的生活习惯和生活方式、平和的态度、合理的饮食搭配、科学的锻炼等，都是健康的必要条件。其中，科学的锻炼是其中一个重要的方面。“运动是良医”已经成为不少老年人的共识。

希望这套书能够帮助广大老年人科学地进行锻炼与养生，高兴、快乐、健康地度过晚年生活。

谢谢为此书作出努力的同志们！

冯建中

健　身　球　操

前言

众所周知，“生命在于运动”，但并不是所有运动都适合每个人。适当的运动强身健体、延长寿命，反之则毁损身体、减少寿命。尤其是对中老年人来说，选择什么样的运动来健身，如何健身才能达到对身体有益无害，这是一件值得探讨的事情。本书将为大家介绍一项现已遍及全国各地的运动——健身球操。

健身球操源于20世纪90年代中期，是我国群众创造的一项新兴的体育健身运动。这项运动有别于其它运动，具有独特的保健功效。即根据中医砭石疗法与力学原理，运动时手持特制器械，在音乐的伴奏下亦操亦舞的同时，击打揉压身体穴位，把体育健身、中医养生保健与文化娱乐融为一体。从而达到增强体质、增进健康、减少身体多余脂肪、改善体型、协调体姿、强壮肌肉、愉悦身心的目的。健身球操既体现了人的健与美，又简单易行；内容丰富多样，但入门容易，是适宜中老年人的运动项目。首先是操作简单，拿着专用器械就可以击打身体，是一项适合不同年龄人群参加的健身项目。其次不需要专门的场地，不限姿势，动静结合，在坐、卧、立、行中都可以进行锻炼。再次是参加活动人数不限，可自己敲打，也可以三五成群互相敲打，或家庭成员间互相敲打，行动不方便的人，也可以在家用器械敲打，能疏通经络、消除疲劳，所以深受中老年人群的喜爱。人们还把健身球操的打法编成顺口溜：姿势不限，可坐可立；人数不拘，可多可少；节奏频率，可快可慢；活动时间，可长可短；击打力度，可大可小；年龄不限，老少皆宜。四是器械简单、携带方便、经济实用。

人口老龄化已经成为我国面临的重大挑战之一，为了解决这一问题，我国把应对人口老龄化提到战略的高度。国家体育总局为认真贯彻中央这一决策，把编辑出版一套中老年健身科普指导丛书提上日程，这是指导中老年体育科学健身的一项重大举措。中国老年人体育协会组织出版的《健身球操》一书，由一些具有丰富实践经验的健身球操界的专家、教授编写而成。全书分为六个部分：一是“认识健身球操”，本章简要介绍了什么是健身球操，它的由来和发展以及如何从一地发展到全国，乃至走向国际的历程。二是“爱上健身球操”，本章让人们进一步了解健身球操的特点、锻炼价值及健身球操特殊的保健功效，引发对这项运动的兴趣。三是“走进健身球操”，本章详细地讲述了使用单球、双球两种器械击打穴位的基本方法（分别各七组基本动作）。并采用图文结合的方法，引用大量图片，更加形象、直观地对各组动作进行具体讲解，使之一学就会，快速掌握。四是“创编健身球操”，由于这项运动是以套路的形式进行学习和传承的，因此这一部分阐述了套路编排的基本原则和程序，并讲解了套路的种类、不同套路编排所包含的基本元素。其中还包括了如何将动作选择、队形设计、音乐节奏融为一体等。五是“舞动健身球操”，为了让更多的中老年人体验这项运动的魅力，最后一部分还对这一新型老年体育运动在赛事组织、类型、设项、评判规则以及参加办法等方面进行了全面介绍和总结，概述了老年体育竞技重在参与、重在康乐的的特点。六是“附录”，为帮助初学者及组织者更直观地了解该项运动技术在实践中的应用，附录中包含了部分基础套路视频。

总之，这是一本内容全面系统、通俗易懂、深入浅出且非常实用的健身球操入门书，相信它的出版不仅是对这项运动的初学者，也会对中老年人体育的推广者和组织者具有重要的参考作用。

本书的编撰凝聚了众多健身球操专家、教授、教练员们的心血和智慧，在编写的过程中力求完善、准确，但由于这项运动尚处于发展和探索中，书中如有不妥之处，诚望读者们批评和指正！

林淑英

CONTENT

目录

01

认识健身球操

健身球操是我国人民群众融汇中医原理和运动力学理论创造出来的运动，属轻器械体操类项目。它有着独特的器械，使人们在欢快动感的音乐下亦操亦舞的同时，用健身球击打揉压自身的穴位，在享受运动与音乐魅力的同时，还能进行中医养生与保健，是我国中老年人非常喜欢的项目之一。下面就让我们认识一下这项独特的体育运动吧！

健身球操的由来

什么是健身球操

健身球操是我国群众创造的一种新兴的体育健身运动，它起源于 20 世纪 90 年代中期，属轻器械体操类项目。根据中医砭石疗法与力学原理，运动时手持器械，在音乐的伴奏下亦操亦舞，同时击打揉压身体穴位，把体育健身、中医养生保健与文化娱乐融为一体。既体现人的健与美，又简单易行，是深受中老年人群喜爱的一种独特运动项目。

器械是什么样

健身球操运动的器械分为单球和双球两种。

单球是由球体、弹性绳和塑料手柄三部分组成，弹性绳的两端分别连接球体和塑料手柄。

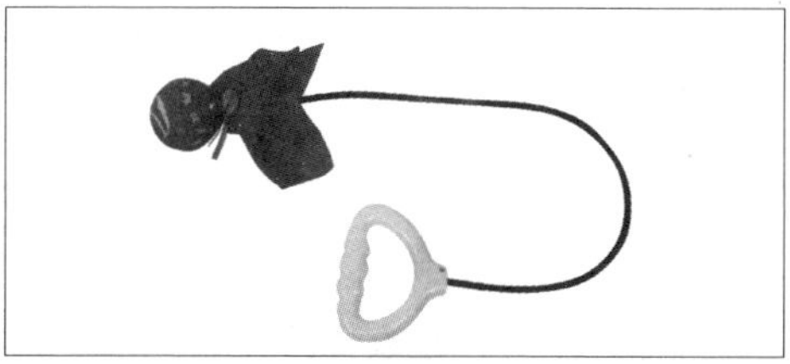

双球则由两个球体和一根弹性绳组成，两个球体分别连接在弹性绳的两端。

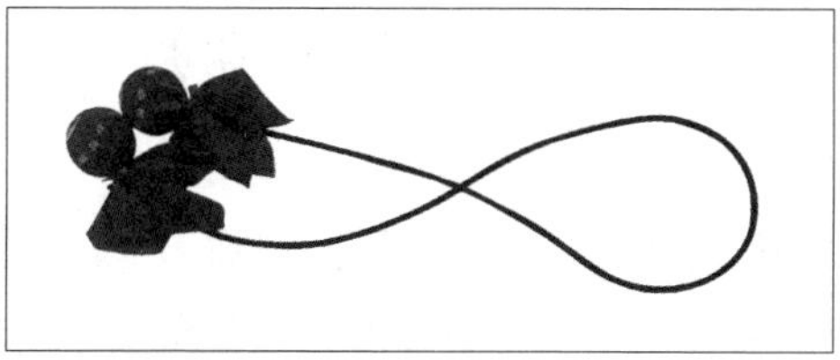

健身球操轻器械的球体由橡胶制成，重 58 克，外面用布包裹，包球布为边长不超过 30 厘米的正方形，包布不超过两层（颜色自定），以人控力度下触及身体有一定的柔软度和舒适度为宜；弹性绳由橡胶制成，长度为 58~65 厘米，适合不同身高的人选用。该器械轻便灵巧，挥舞起来上下翻飞、灵活多变，具有可收可放、随意改变方向的特点。独特的技术风格使球体以做圆周运动或弧形摆动为主，再配上甩、打、压、揉、踢等基本技法击打穴位，刺激肌体达到健身又保健的作用。

这项运动是怎样形成的

中国传统医学认为：人体经络流通着气血，气血通畅人就少生病。古人用木锥、石针、金属针刺击穴位以求气血舒通，达到治疗人体疾病的功效。但是，自我刺击穴位时，往往受上肢活动范围的限制而难以触及背部和腰部的穴位，即使借助木棍或木锤也达不到理想的效果。于是有北京人氏用绳系住小球击打穴位做人体保健。使用者一手握绳，一手执绳的中段将小球做半径不等的圆周或弧形摆动，球体在绳的作用下，无需求助他人就可以以任意力度击打自己身体各部位的穴位（特别是背部和腰部的穴位）。后来，人们在击打穴位的过程中配乐自娱自乐，并加强身体运动的幅度与强度，这便是健身球操的雏形。随着喜爱这项活动人群的增多，器材的研发者从中发现了商机，在完善其结构后向有关单位申请了专利。1995 年，河北企业家杨建平先生购买了这项专利，抓住机遇改良产品，着重其操舞和击打穴位的作用，适当降低成本，大量生产并努力推销。

1995 年，河北省老年人体协决定大力支持推广这项新兴的运动，并请河北师范大学沈守仁教授创编了两套球操：开始是热身操，中间部分是持球击打肩、背、胸、腰、髋、腿等各部位穴位的练习，最后是整理放松活动，这两套球操的名称为“无极健身球保健操（舞）”，同年，省内参加锻炼的中老年人就增至三万多。

1996 年上半年，“无极健身球保健操（舞）”经国家体委领导荣高棠、李梦华，中国老年人体协主席刘建章等领导审定后，认为这个项目非常适合中老年人的健身需求，决定向全国中老年人推广这一新型的体育运动项目。

健身球操的发展

有组织的创新推广

2006 年，中国老年人体协成立了项目管理委员会，并在其下设立健身球保健操推广组，制订推广健身球保健操计划，积极开展该项目的培训、展示、竞赛活动。2011 年 6 月，中国老年人体协第六届委员会成立了中国老年人体协健身球操专项委员会（取代推广组），并将该项目正式定名为“健身球操”。健身球操专项委员会作为中国老年人体协的办事机构，具体负责制定健身球操的发展规划，完善有关制度，大力抓好健身球操的普及与提高，开拓出一片新天地。

1997 年，中国老年人体协在武汉体育学院举办了第一期教练员培训班，重点学习健身球操第一套和第二套规定套路，各省都派出了骨干教练员参加学习。此后大连、青岛、北京、福建、厦门、四川、广西等地先后致函中国老年人体协，邀请专家学者前去办班。1999 年，中国老年人体协健身球保健操推广组的教学班子编写了《健身球操规则》，使健身球操有了正式规则，让该项目的正式活动和比赛有章可循；2013 年由十多位专家学者共同编撰的《健身球操》专著，成为指导这项运动发展的辅导教材；中国老年人体协在近二十年内总共组织创编了十一套健身球操规定套路，其中单球规定套路九套（包含两套男子规定套路），双球规定套路两套，作为规范技术传授。在中国老年人体协的指派下，教师们不辞辛苦，下到全国各地手把手教导健身球操的动作技术，传授理论。一批批人才迅速成长，骨干教练员们在各地老年人体协的支持下，担负起当地的健身球操教学工作，传播理论和技术。十几年来，这支队伍滚雪球似的不断壮大，像种子一样生根、发芽、开花、结果……

2012 年起，全国老年人健身球操教练员、裁判员培训班在加强基本技术传授的同时，也重点进行了理论知识教学，新设“健身球操的编排”“健身球操的创新”“健身球操的裁判法”“男子健身球操的编排”“健身球操单球和双球的技术”“健身球操的科学研究”等课程。2016 年起，每年举办一次的培训班增加为两次，且每期培训班人数都在二三百人左右。至今，中国老年人体协已培养出近百名国家级健身球操裁判员，国家级健身球操教练员 68 人，成千上万名一级和二级教练员、裁判员散布在全国各地，成为健身球操发展的中坚力量。

发挥竞赛的杠杆作用

健身球操是一项高雅、美观、新颖、健康且观赏性很强的运动，每次竞赛都能吸引众多观众和潜在的爱好者。

1998 年，中国老年人体协在河南荥阳主办了全国第一次健身球操表演比赛，有 57 支队伍，共计 800 多人参赛。之后，中国老年人体育协会（以下简称“中国老年人体协”）每年都举行一次全国性的比赛，在各地掀起了学习健身球操的热潮。

从2013年起，全国又新增了“健身球操之乡”比赛和部分省区举办的“全国健身球操邀请赛”；各省区市及下辖的区县乃至乡镇和社区都纷纷举办相应的赛事活动，健身球操也如火如荼地发展起来。

《健身球操规则》的审核批准，使健身球操有了正式的规则，活动和比赛也有章可循，成为指导这项运动健康发展的重要文件。

1998 年，全国第一次举办健身球操比赛时还没有一部完整的规则，各地区健身球操的发展态势和技术水平参差不齐，对比赛规程理解不够，呈现在赛场上便是各队的自编套路五花八门，令人眼花缭乱：一套动作有情景有人物、造型过多、停顿过多，场上队员可随意上下场表演，还把器械放在地上换上别的道具或拉着横幅上场等，比赛成为舞台表演。为了适应健身球操发展的需要，中国老年人体协立即着手组织人员编写健身球操竞赛规则。1999 年 6 月，经中国老年人体协审定并下发通知，正式颁布实施《无极健身球保健操（舞）竞赛规则》草案（试行），要求全国各地老年人体协组织学习和贯彻执行。同年 10 月，由中国老年人体协主办的“全国城市老年人健身球操比赛”在湖北省襄樊市（现更名为襄阳市）举行。来自全国 24 个省、市、自治区的 72 支队伍，1100 名运动员参加了比赛。各队在动作编排上，乐曲、服装的选择上都给人耳目一新的感觉，在注重展示中华民族风格的基础上，突出了地方性、行业性的特点，彰显其项目风格，比赛取得了圆满成功。之后，中国老年人体协先后进行了三次健身球操竞赛规则的修订，以适应项目发展需要。健身球操竞赛规则的兴起和修订推动着项目的创新和发展。

抓好健身球操的普及和宣传

全国“健身球操之乡”评选工作

中国老年人体协在抓项目发展的同时，开展全国“健身球操之乡”评选工作，努力夯实健身球操基础。

2007 年 4 月，中国老年人体协发出“关于开展评选‘全国健身球操之乡’活动的通知”，提出了 5 项评选条件，得到了各地老年人体协的积极响应，全国有 28 个单位获得“健身球操之乡”的称号。2014 年中国老年人体协又进行了“全国健身球操之乡”的评选工作，有 37 个单位被命名为第二批“全国健身球操之乡”，全国总数达到 65 个。2014 年至 2015 年，中国老年人体协召开了两次全国“健身球操之乡”工作会议，发出“进一步加强健身球操之乡建设”的倡议。2015 年 5 月，中国老年人体协在青岛举办了第一届“全国健身球操之乡”比赛交流活动；2016 年 5 月在浙江东阳举办了第二届“全国健身球操之乡”比赛交流活动；2017 年 6 月在湖南娄底举办了第三届“全国健身球操之乡”比赛交流活动，使获得“健身球操之乡”的单位精神振奋，进一步调动了基层的积极性。

走出国门，走向国际

2014 年，中国老年人体协派出健身球操队出访莫斯科，与其他国家代表进行交流，反响热烈，受到好评。2015 年，中国老年人健身球操队受邀参加第九届国际健康健美长寿论坛暨健康产业博览会（韩国大邱市），在开幕式上展示了健身球操规定套路等节目，极受欢迎，获得大会颁发的“优秀表演奖”。

02

爱上健身球操

健身球操是一项新兴的体育运动项目。它融体操、舞蹈、音乐、保健于一体，通过轻器械击打穴位练习，从而达到增强体质、增进健康、减少身体多余脂肪、改善体型、协调体姿、强壮肌肉、愉悦身心的目的。这部分内容能让你更加深入地了解健身球操的特点，以及它带给人们的特殊锻炼价值及保健功效。

健身球操的特点

方法独特　大众创造

受砭石按摩的影响，健身球操是我国群众在健身运动中融合中医传统而创建的一项保健性体育项目。健身球操起源于生活中的运动保健，受到医务工作者、体育专家学者、体育健身爱好者的关注；产生于人们的自娱自乐，人们的喜爱程度吸引了商人的注意，使商人挖掘了项目潜在的商机；发展于体育竞赛，引起了政府有关部门的重视，所以中国老年人体协责无旁贷地担起了这项重任。健身球操的发展成长证明了它植根于人们的生活，具有典型的草根特色，处处都贴着中国特色的标签，民族性十分鲜明。

传统中医　运动保健

传统中医理论认为："经"有"途径"（道路）之意，"络"有"网络"之说。"经络"就是人身上一条一条与内部脏腑和外部体表相联贯的"通路"，上面分布着一定数目的穴位，起着 "运行气血"和"传变疾病"的作用。健身球操就是通过器械击打经络穴位而对人体产生反映作用，既可以治疗身体疾病，又可以对健康的人体起到保健作用，这与我们采用针灸、按摩、点穴、拔罐来刺激体表与脏腑相关的穴位，从而激发体内抗病的能力，以疏通经络、运行气血来达到防治疾病的目的相同。

亦操亦舞　套路传承

健身球操是一项集运动、保健、娱乐于一体的轻器械体操，主要由操、舞、音乐、轻器械击打等元素组成。它以操为主，融舞、乐于一体，展现健身球操的优美，加之拍打穴位的保健性，共同达到强身健体的功效。按规则要求，健身球操还必须考虑队形变化（好看）、动作难度、时间限定（不超过 4 分 30 秒）等。因此，健身球操必须以套路的形式进行学习和传承，这是其他运动所没有或少有的。健身球操的套路分为规定套路、自编套路和健身套路，一般由三段组成，即开始部分、练习部分、结束部分。

简单易学　老少皆宜

健身球操内容丰富多样，但入门容易。首先是操作简单，拿着器械就可以击打身体，是一项适合不同年龄人群参加的健身项目。其次是不需要专门的场地，不限姿势，动静结合，在坐、卧、立、行中都可以进行锻炼。最后是参加活动人数不限，可自己敲打，也可以三五成群互相敲打，或家庭成员互相敲打，行动不方便的人，也可以在家用器械敲打，帮助疏通经络，消除疲劳。有人把健身球操打法编成顺口溜：姿势不限，可坐可立；人数不拘，可多可少；节奏频率，可快可慢；活动时间，可长可短；击打力度，可大可小；年龄不限，老少皆宜。

健身球操的锻炼价值

改善心血管系统功能

练习者在持续地走、跑、跳跃中亦操亦舞，使身体处于有节奏的运动状态，通过活动加快血液循环，提高了心肌的兴奋性，增强了心肌的收缩运动，激化血管的收缩和扩张能力，使冠状动脉扩张，血流改善，增强了心肌的供氧能力，从而提高了心脏的功能。

2012 年 5 月，全国健身球操裁判员学习班在西安举行。专家、学者们对来自全国各地的 100 名学员（都是长期练习健身球操的练习者）进行科学测定。发现学员们在练习了第十套健身球操规定套路后，有 81%的学员自我感觉良好。经测定，他们的晨脉低（清晨心率），有半数在 65 次 / 分钟以下，这是他们长期锻炼使心脏功能提高的结果，也进一步证实了健身球操的锻炼可以给中老年人带来健康的心脏，它是安全、有效的锻炼项目。

增强呼吸系统功能

当持续地进行健身球操活动时，人的机体必然需要更多的能量和氧气，练习者会自觉通过增加呼吸次数、加强呼吸深度来满足身体的需要。这样，参与呼吸的肺泡数量就会大大增加，呼吸肌的收缩力度加强，胸廓活动的幅度加大，肺组织的通气和换气功能得到改善，吸氧能力增强。肺活量的提高能减缓老年人肺组织纤维化的过程，保持其弹性，可预防老年慢性支气管炎和肺部的其他疾患。

增强体质，延缓衰老

健身球操是在运动状态下进行的，可以使肌肉、骨骼和关节通过锻炼获得营养，增强肌肉力量，特别是腿部的肌肉力量；增大关节的活动范围，提高韧带的柔韧性；减少钙和矿物质的流失，使老年性肌肉萎缩、骨质疏松及蜕变老化的过程减慢。

2012 年 5 月，第二届重庆市老年人运动会健身球操比赛在渝北区举行。重庆市体育科学研究所的科研人员以 120 名 60~69 岁的健身球操运动员（男 60 人、女 60 人）作为实验组，4000 名普通老人作为对照组，按国民体质监测指标（身高、体重、肺活量、握力、闭眼单脚站立、选择反应时、坐位体前屈）进行相应的测试。实验结果是：实验组体质监测指标的各项数据均优于对照组。实验组的身体形态（身高、体重）、身体机能（肺活量）测试结果均优于对照组；身体素质项目中的选择反应时和坐位体前屈测试结果均为实验组优于对照组。实验组体质评定合格的等级百分比高于对照组 13.2 个百分点，良好级高于对照组 32.5 个百分点，证明健身球操具有良好的健身价值。

调节情绪，愉悦身心

健身球操是在音乐的伴奏下边拍打穴位边做操跳舞，运动者姿态优美，动作潇洒大方；队形变化多样、流畅自如，彩球在空中飞舞，如同行云流水；

人们在美与乐中锻炼身体，是一种愉悦的享受，对观众而言也是一场艺术的欣赏，使人心情舒畅、愉快振奋；在音乐的伴奏下锻炼，可激发人的积极情绪，摆脱抑郁、孤独、烦恼，使人感到充实、平和，愉快地享受情趣之美、兴趣之美，更使老年人变得心胸开阔、健康乐观。

健身球操特殊的保健功效

健身球操与中医穴位

健身球操的独到之处，就是把体育与中医医理相结合，把体育健身与保健相结合。人们为了能自如击打身体的穴位而研究出健身球操，在音乐的伴奏下做亦操亦舞的练习，轻器械不断地碰撞或击打人体穴位，虽然这种敲击只触及体表，不入体内，但它可以通过撞击波刺激到穴位下的“五脏”，对全身和局部产生积极的影响，具有一定的保健作用，并能够辅助治疗某些慢性疾病，成为一项与中医穴位不可分割的、独特的运动项目。

人体经络纵横交错、贯穿全身，是主宰全身气血的反馈系统。人体经络以督脉统帅，循行于头颈、肩背、腰髋部。脊柱属于督脉循环的一部分，与人体脏腑有关的许多穴位都在背部，例如：肺俞、心俞、肝俞、胆俞、脾俞、胃俞、肾俞、气海俞、大肠俞、小肠俞、膀胱俞等。利用器械的球体，对身体的主要穴位进行全面、反复、有力度地击打，刺激穴位，起到舒筋活络、活血化瘀、防病祛病的保健作用。古人说周身无处无孔窍，即周身到处都是穴位就是这个道理。健身球操要求人们在跑动跳跃、边操边舞中用球击打穴位，刺激机体达到既健身又保健的作用。一套健身球操在 4 分钟左右的时间里能刺激到 20~30 个穴位，击打穴位的总次数可达近三百次。

通过练习健身球操达到运动健身的目的，对球体能触及身体的主要穴位区域刺激按摩，在运动中不知觉地增加了中医知识，对自己身体的主要穴位有一定的了解，掌握一些中医小常识，小痛小病也不治而愈了。真是寓娱乐、健身、保健于一体，其乐无穷。

健身球操的主要击打穴位及基本要求

☞ 健身球操主要击打的穴位

❶ 背部

颈与臀之间的躯干后面部分为背部。背部有脊椎、背肌、脊神经。以器械的特点击打的主要穴位有：

- ☺ 肩中俞、肩外俞、肩井。
- ☺ 肝俞、胆俞、脾俞、胃俞、三焦俞、肾俞。
- ☺ 气海俞、关元俞、大肠俞、小肠俞、膀胱俞。
- ☺ 上髎、中髎、下髎等。

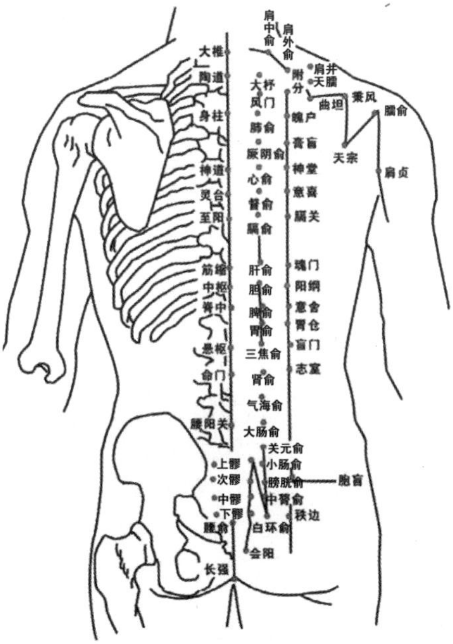

背部穴位图

背部这几个区域适宜放绳甩打、绕环甩打，要反复击打刺激，击打面积由小到大，力量由轻到重，具体视各自情况而定。

❷ 胸部

腹颈之间的前半部分为胸部。胸部分为胸廓、胸肌和胸腔，胸腔内有人体心、肝、肺等重要器官。胸部的主要击打区域是：

☺ 天突、俞府。

☺ 云门、气户、中府。

☺ 食窦、大包。

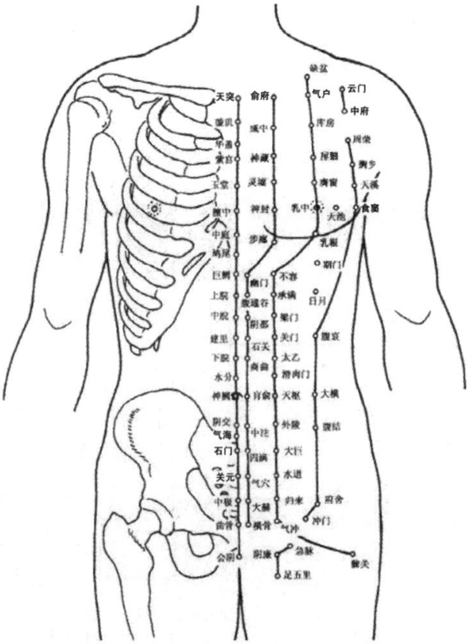

胸部穴位图

胸部的击打区域主要以拍打为主，力度不可过大，适度反复拍打。

❸ 腹部

胸部的下面，腹股沟之上的前面部分称为腹部，腹部有腹肌、腹腔腔内有重要的脏腑。腹部的主要击打区域是：

☺ 上脘、中脘、下脘。

☺ 气海、石门、关元。

☺ 章门、大横。

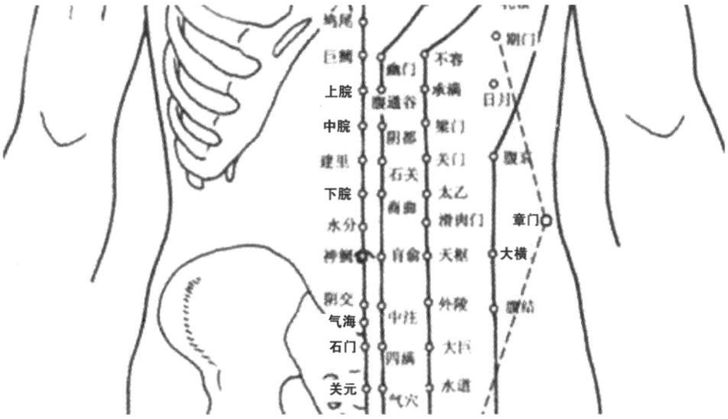

腹部穴位图

腹部穴位区域以反复按揉、轻拍为宜。

④ 上肢

肩与手指之间的部位称为上肢，上肢分为内侧与外侧。上肢的主要击打区域是：

☺ 肩髃。

☺ 肘髎、曲泽、曲池。

☺ 内关、外关、合谷、劳宫。

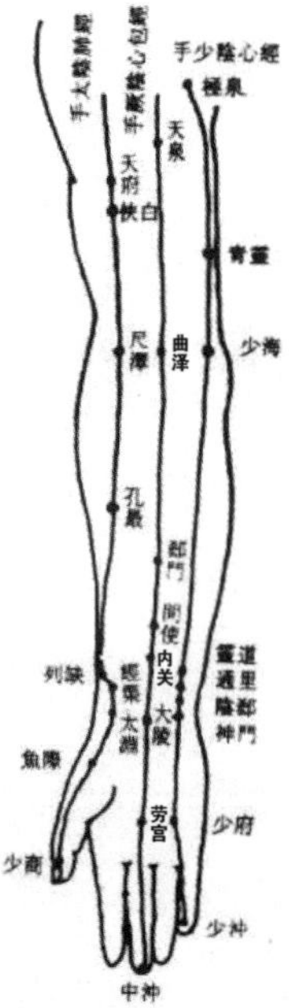

❹上肢内侧部

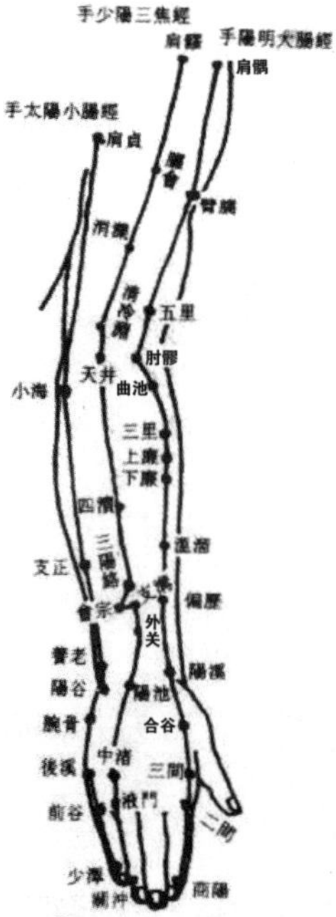

❺上肢外侧部

上肢穴位图

上肢部位的穴位区域应以拍打、点压、点揉及搓滚揉按等方法，反复操作。

❺ 下肢

臀部以下至脚趾之间的部分称为下肢。主要击打的三个区域是：

- ☺ 居髎、环跳。
- ☺ 阳陵泉、阴陵泉、血海、足三里。
- ☺ 三阴交、照海、涌泉。

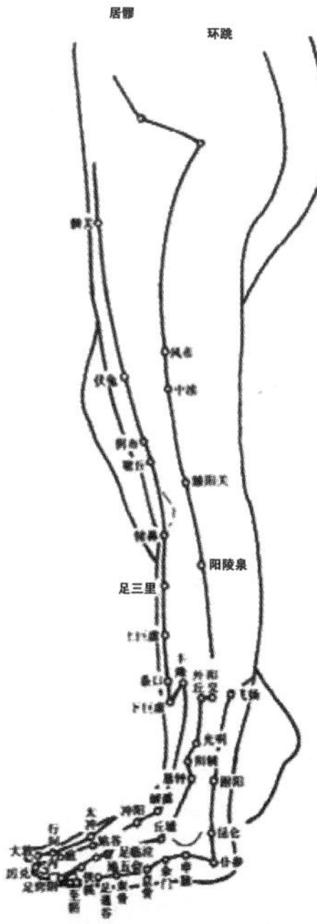

下肢穴位图外侧

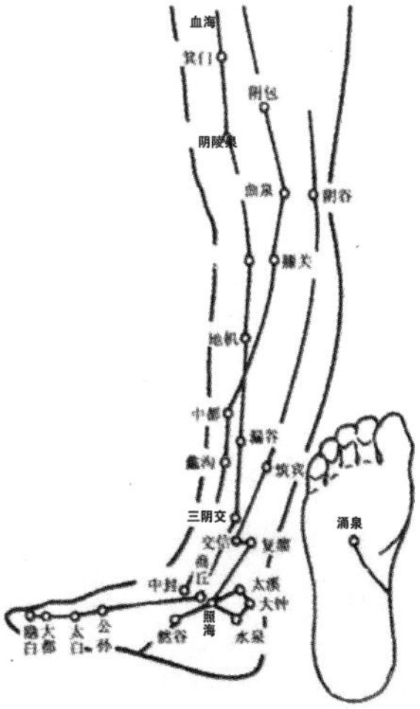

下肢穴位图内侧

下肢部位应实施甩打、拍打、滚揉、弹踢、踩压、踩揉等方法 。

☞ 穴位击打的基本要求及功效（以单球动作为例）

❶ 击打背部穴位的基本要求及功效

运用弹性绳的灵活性，健身球可以用上下斜线甩打、绕环击打、平行甩打、同侧甩打等方法，刺激腰背部的穴位，并对腰背部肌肉进行力量训练，可益气补虚、活络止疼、温补肾阳，调节心血管系统、呼吸系统、神经系统、消化系统、生殖系统、内分泌系统的阴阳平衡。增进机体的新陈代谢，增强脊椎骨间的活动功能，防治肌肉劳损和韧带老化所引起的肩周炎和腰背疼痛。对肩周炎、腰椎骨质增生、失眠、遗尿及脏腑疾病均有防治作用。

❷ 击打胸部穴位的基本要求及功效

手持球的根部拍打胸部穴位能有效地促进呼吸运动，对哮喘胸闷、心肺内脏有保健作用。并能延缓胸骨钙化，增强心肺功能，健壮胸部肌肉。

❸ 击打腹部穴位的基本要求及功效

按揉拍打腹部穴位，可增强胃肠对食物的消化吸收。能疏肝理气，健脾除湿，调气导滞，化食和胃。对腹胀、腹痛、消化不良及妇科疾病均有辅助治疗作用。

❹ 击打上肢穴位的基本要求及功效

对上肢穴位进行拍打、点压、点揉及搓滚揉等按摩方法，可消除疲劳，疏通气血。配合对上肢肌肉进行抻拉及力量练习，增强上肢肌肉张力和韧带的弹性，有效防治头痛、心痛、咽喉肿痛、胸闷肋痛、肩臂痛、肘关节痛、感冒、发热、失眠健忘、高血压等疾病。

⑤ 击打下肢穴位的基本要求及功效

对下肢部位实施甩打、拍打、滚揉、弹踢、踩压、踩揉等方法和进行腿部力量及弹跳抻拉练习，可舒筋活血、消除疲劳、增强腿部肌肉的张力和韧带的弹性，有效防治髋关节酸痛、腰腿痛、膝盖痛、下肢麻木等病症。

03

走进健身球操

了解了健身球操的锻炼价值及保健功效后是不是很心动呢？健身球操分为单球操和双球操两项，器械携带方便，健身方法可操作性强，在行走、站立、静坐的状态下均可进行锻炼。现在就让我们走进健身球操，学习健身球操的基本打法，领略健身球操独特的魅力！

单球操的基本打法

健身球操主要运用的方法是甩动健身球击打身体或揉压身体部位。因此要根据练习者的身高及要击打的身体部位来采取不同的持球方法。这对击打身体的准确性、力度、舒适度及健身效果都很重要。以下介绍几种在单球健身球操中常采用的动作方法。

持球方法

☞ 一手持柄、一手持绳的方法

根据练习者的身高及击打部位一手持柄、一手持绳。持绳手与球距离20~25 厘米，拇指与食指紧紧捏住球绳，其余三指弯曲成半握拳，方便各种甩打和绕环动作。

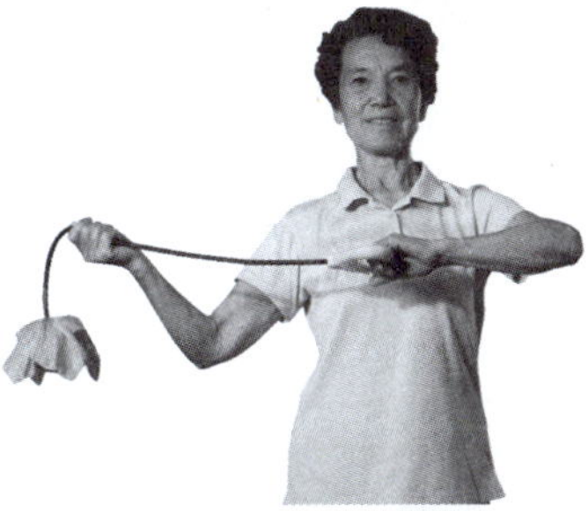

☞ 一手持柄、一手持球根（绳与球结合部）的方法

☞ 单手持球与柄，球绳缠绕（也可不缠绕）在手上的方法

☞ 单手或双手持球柄的方法

一般情况下，两手持球柄时，一手握住柄的后部，另一手握住柄的前部，可做摆动、绕环类动作。

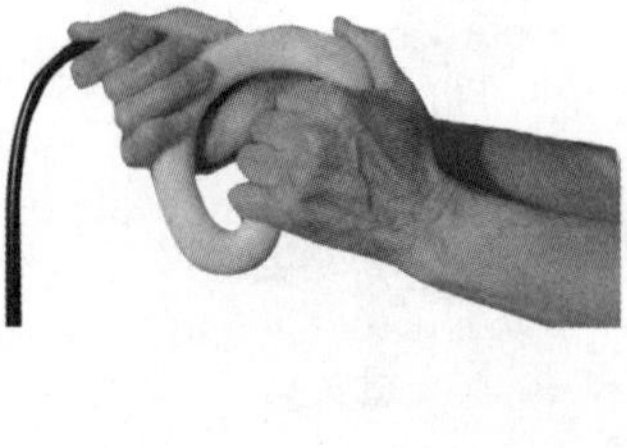

基本技术动作

中国老年人体协于2012年修订的《健身球操规则》（以下简称《规则》）中明确规定："击打穴位时以背部（脊柱两侧）的穴位为主""一套操至少有三节以上击打背部的动作"。之所以这样规定，是因为后背是人体极其重要的部位，尤其是脊柱两侧有多条经络和穴位，有些经穴的位置与人体脏腑位置的高低排列顺序基本一致。因此击打背部穴位是健身球操的重要组成部分。《规则》还明确规定要"全面击打和揉压上下肢及胸腹部的穴位"。同时对击打部位的准确性和力度也有一定要求。因为这是健身球操的精髓，也是健身球操与其他体育健身项目的重要区别。

☞ 胸前左右横甩球击打背部动作

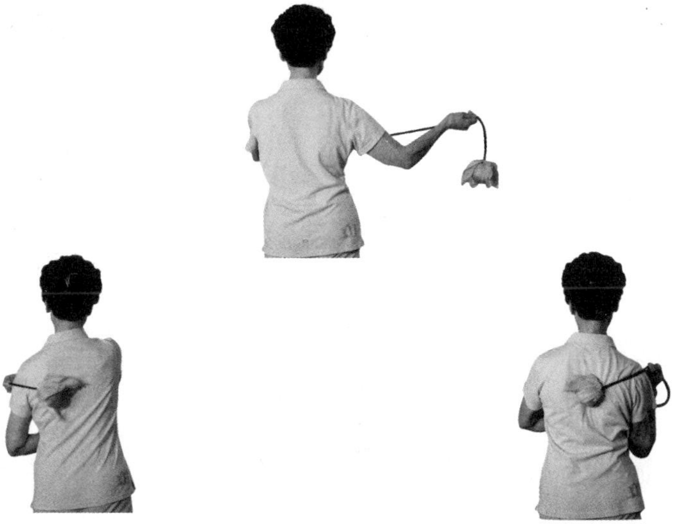

☺ **提示：**

◆击打后背脊柱两侧身体部位时力度适当大些。

◆球体在胸前成水平状甩动，球接触身体瞬间稍有扣腕和翘腕动作，以加强击打力度。

☞ 体前左右甩球击打腰、骶部动作

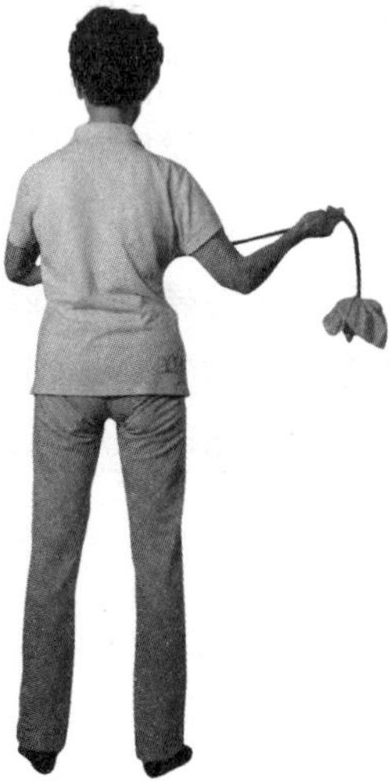

☺提示：

◆一般情况下甩球击打肩以下的身体部位时，手指向下。

◆击打部位靠近脊柱两侧腰、骶部。

☞ 体前上下斜向甩球击打后背动作

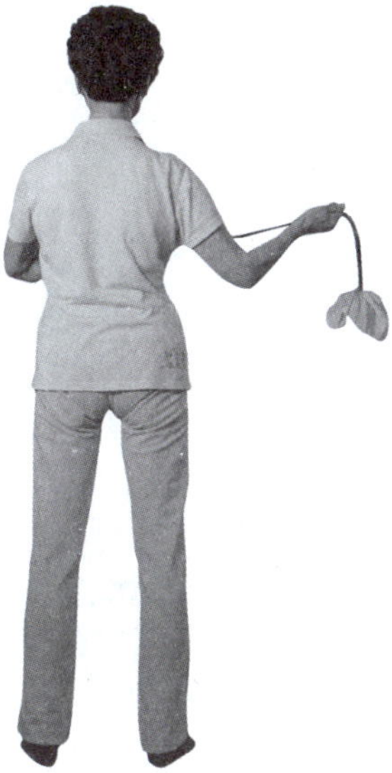

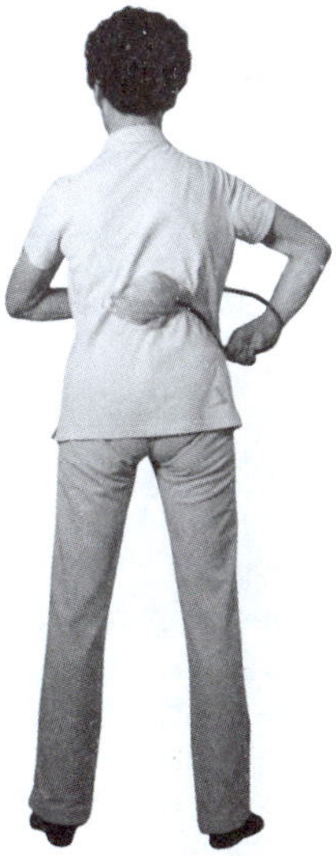

☺ **提示：**

◆击打后背胸部脊柱两侧部位。

☞ 手持球根部拍打身体动作

❶ 拍打左右胸部动作（云门和中府穴）

1–2 拍：左腿向左做一次小垫跳，同时两手拍打左胸靠外侧上部两次。

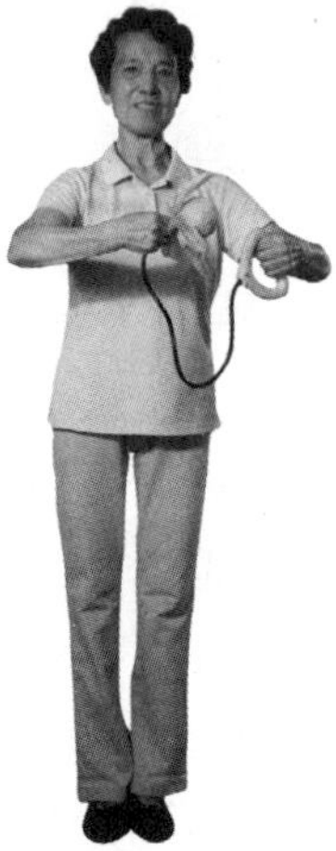

预备姿势

1–2

3–4 拍：动作同 1–2，但方向相反。

3–4

☺ **提示：**

◆ 做小垫跳动作时，两膝稍有弹性屈伸。

◆ 中府穴和云门穴位于锁骨下窝外侧及下窝凹陷处。

❷ 击打肩胛上方动作（巨骨穴）

预备姿势

1-2

3-4

5-6

7

8

☺ 提示：

◆击打时用小臂和手腕快速做扣腕和翘腕动作，以增加击打力度，同时两膝稍弹性屈伸两次。

◆巨骨穴在接近锁骨外端最高峰位置。

◆左右手臂可交换做。

❸ 击打手臂动作

1-2 拍：左腿向左前方一步成弓步，同时左臂前举（拳心向里），右手用球击打左上臂两次（天府、天泉穴）。

预备姿势

1-2

3-4

3-4 拍：左臂胸前平屈，同时右手用球击打左肘稍靠外部（曲池穴）两次。

5-6 拍：左臂伸直并外旋，右手用球击打前臂（内关穴）两次。

5-6

7–8 拍：左腿收回，同时在体前换左手持球成预备式。

7

8

☺ **提示：**

◆可适当加大击打力度。

◆击打时必须做扣腕和翘腕动作。

◆可左右手交替击打手臂。

☞ 弧形绕球击打身体部位动作

绕是指球体运行的轨迹在 180 度到 360 度范围内。

❶ 经头上弧形绕球击打后背

分腿开立（与肩同宽），右手持球经头上左右弧形绕球击打后背肩胛部位。

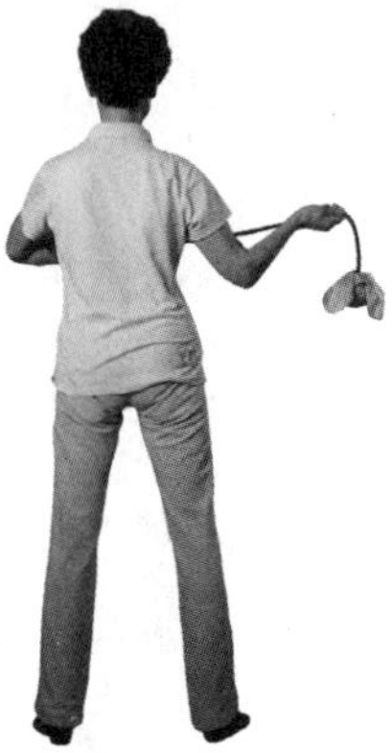

预备姿势

1

2

3

4

☺ **提示：**

◆球击打后背左右肩胛区部位。

◆击打力度适当，持球手控制好球体运行的路线。

❷ 体侧上下弧形甩球击打持球手同侧后背（简称“同侧上下甩打”）

分腿开立（与肩同宽），右手持球经体侧上下弧形甩球击打后背肩胛部位。

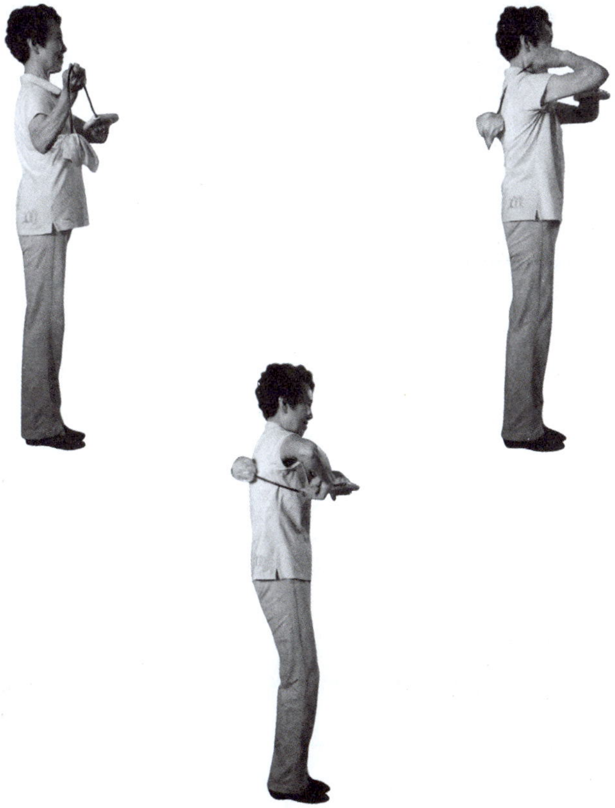

☺ 提示：

◆击打力度适当加大。

◆击打肩胛部位的膈俞穴和天宗穴。

③ 踏步弧形甩打大腿外侧

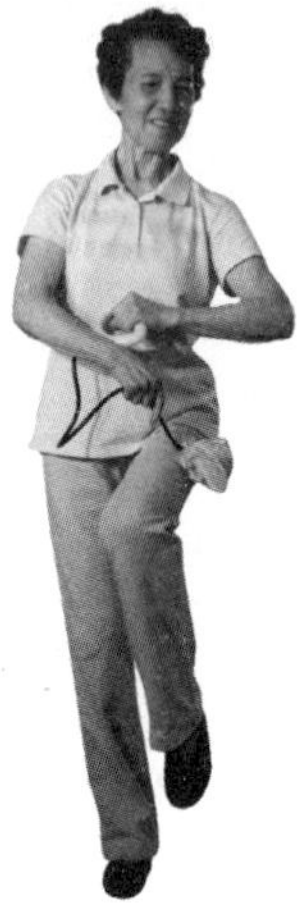

☺ **提示：**

◆右手持球击打右腿时，前臂外旋。

◆击打胆经的风市穴。

◆踏步及击打动作协调配合。

☞ 绕环击打身体部位组合动作

绕环是指球体运行的轨迹为 360 度或超过 360 度的环形甩动动作。在健身球操中，绕环动作比较常见，因为绕环后再击打身体部位可增强击打力度，增加动作的趣味性。如果在绕环的同时加上转体，然后再击打身体部位，可以增加健身球操的难度，并提高健身球操的艺术性和观赏性。

❶ 体前绕环击打左右腿内外侧动作

1–2 拍：左腿向左侧踏一步，右腿前举，同时右手持球向右小绕环一周击打右小腿外侧（足三里穴）一次。

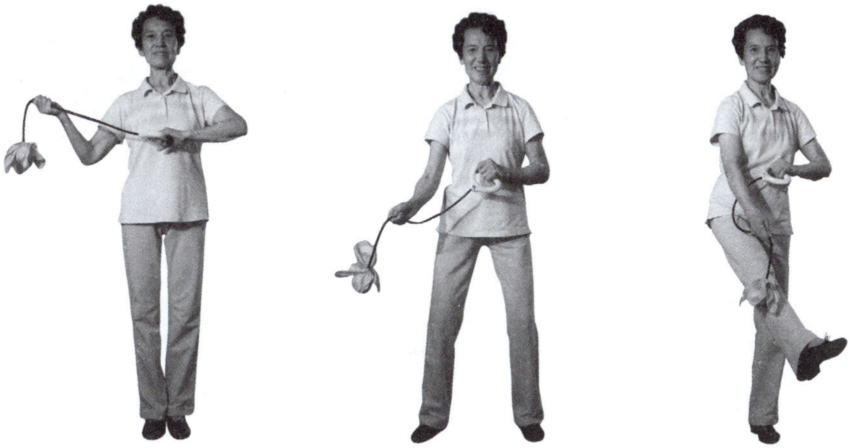

预备姿势　　1–2

3–4 拍：右腿向右侧踏一步，同时右手持球向左小绕环一周击打左小腿外侧（足三里穴）一次。

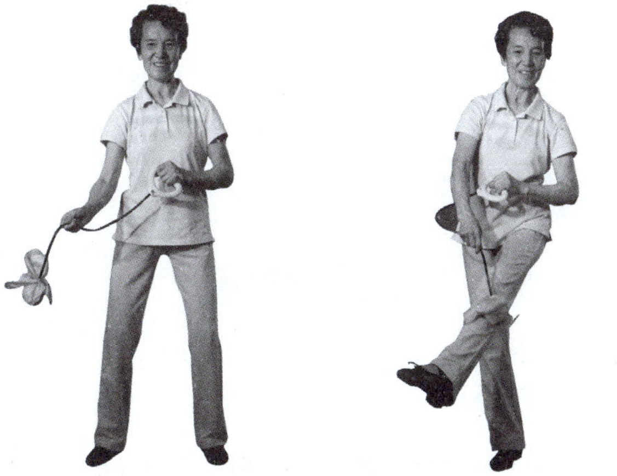

3–4

5-6 拍：左腿稍屈膝，右腿前伸同时右手向左绕环一周。击打右小腿内侧（阴陵泉穴）一次。

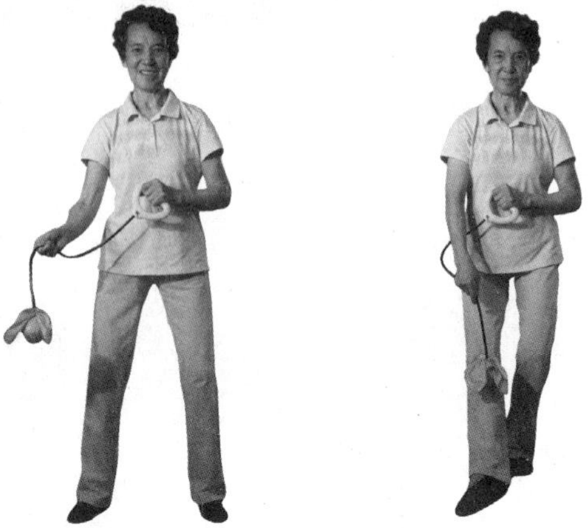

5-6

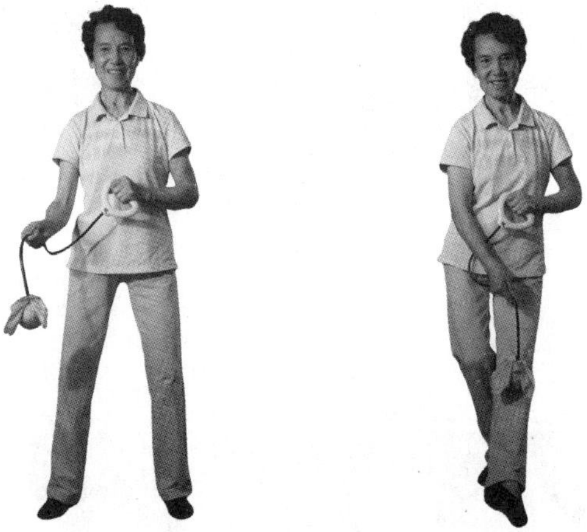

7-8

7-8 拍：动作与 5-6 拍相同，但方向相反（击打左腿内侧）。

☺ **提示：**

◆绕环方向要正确，击打部位要准确。

◆动作配合要协调。

❷大绕环两周换握击打腰部组合动作

预备姿势

1-2 拍：左手持柄，右手持球根部，右手向左下抛球并快速沿绳滑动至球柄部，在体前顺时针绕球两周，同时两膝稍屈伸两次。

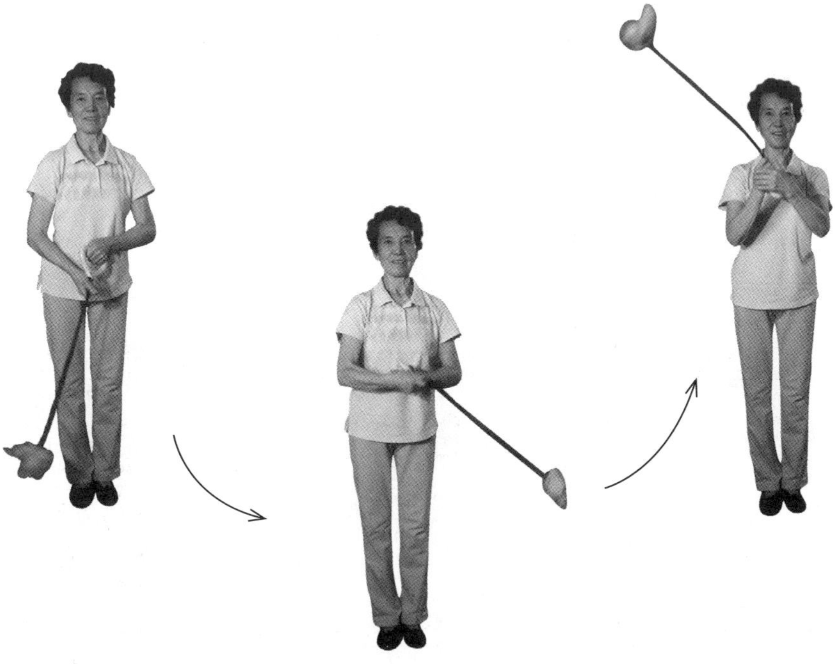

1–2

3-4

3-4 拍：换右手持柄，左手持球根部，左臂侧举。

5

5-7 拍：右腿向右侧走 4 步，同时做右上左下的斜打动作。

6

7

第 8 拍：左腿并右腿，左手持球根部，左臂侧举。

8

☺ 提示：

◆球体击打后背的肩胛部位和腰部脊柱两侧的穴位。

◆走步时身体不可右转。

◆第二个八拍重复上述动作，但动作方向相反。

③ 头上大绕环转体 360 度击打后背组合动作

1-2 拍：左腿向左侧一步（与肩同宽），右脚经左脚前交叉一步，身体向左转体 180 度，同时右臂经头上向左绕至右侧上举。

预备姿势

1-2

3-4 拍：左脚向左后撤一步，身体向左转 180 度，重心左移，同时右臂经胸前弧形绕球击打左肩背。

3-4

5-7 拍：以右左右的顺序向右侧后退走三步，右手持球在右前侧向左绕环两周半。

5-6

7

第 8 拍：右腿直立，左腿后抬成小射燕造型，同时右手持球击打右肩背。

8

😊 **提示：**

◆转体的步幅不要太大。

◆击打肩胛部位或肩外俞穴。

◆ 5-8 拍右侧后退走动作要配合协调、正确，姿态优美。

❹ 体侧“8”字大绕环组合动作方法

预备姿势

1–3 拍：两膝屈伸三次，同时右手向左前上方弧形抛球，球体经身体的左侧、右侧、左侧各绕环一周，第 3 拍同第 1 拍。

1

2

第 4 拍：两膝再屈伸一次，同时右手经身体左侧下滑至根部持球。

4

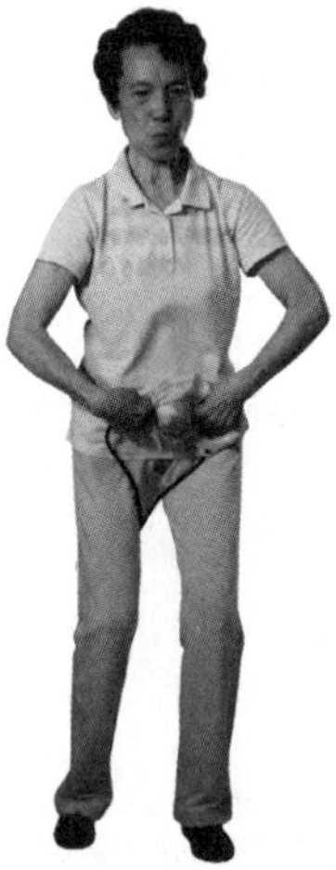

5

5–8 拍：两腿左右各做一次小垫跳，同时两手轻击腹部 4 次。

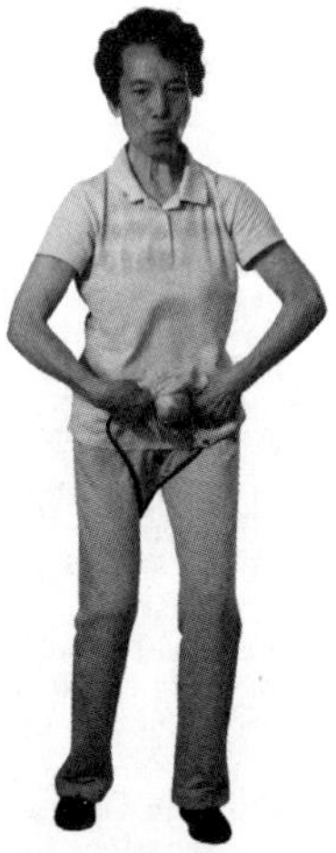

6

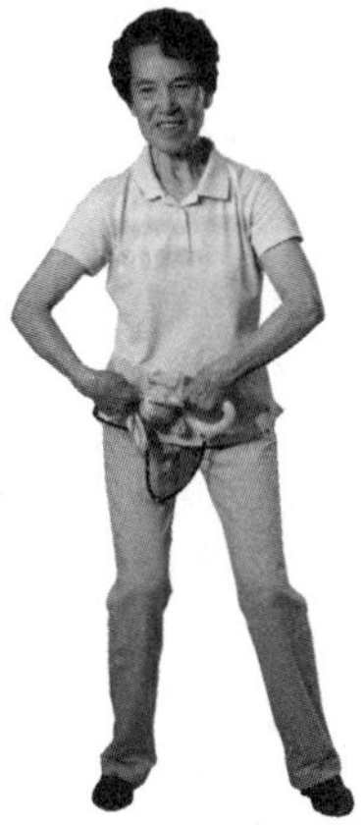

7

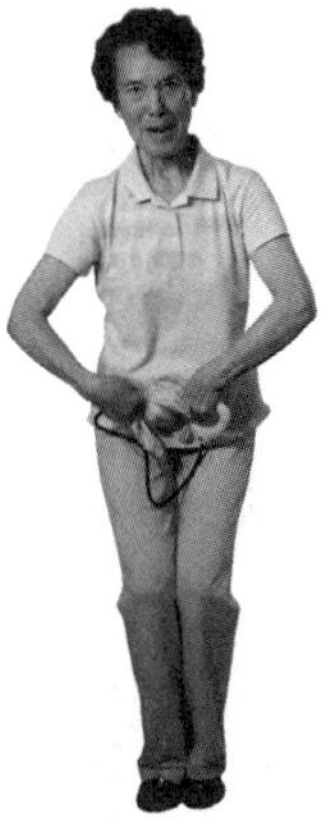

8

☺ **提示：**

◆大绕环时前臂要灵活地外旋内旋变化，但不能屈手腕，这对绕环动作很重要。

◆绕环过程中，手持绳的松与紧、长与短也要灵活变化。

◆拍打腹部气海、关元穴及周围的穴位时要力度适中。

❺ 体前“8”字绕环组合动作

预备姿势

1-4 拍：双膝稍屈，右手持球绳距根部 15 厘米左右，小臂内旋，同时右臂上抬，手腕上翻，两膝逐渐伸直，在体前做向上向下的“8”字绕环动作。

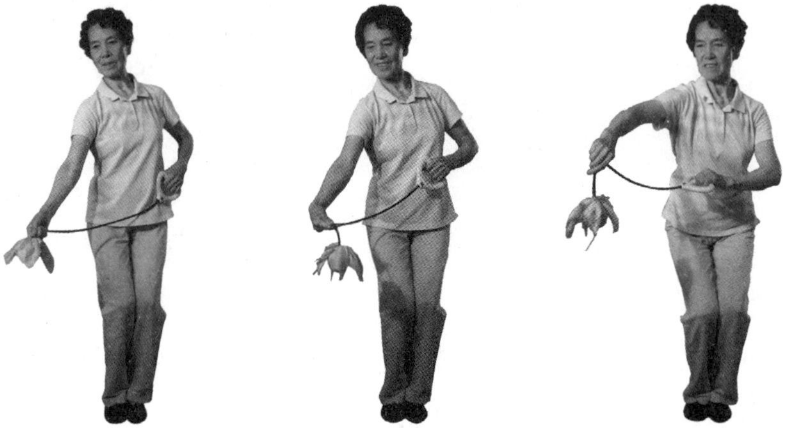

1　　2

3　　4

5-8 拍：左脚迈向左侧一步成开立，以左右左的顺序摆髋三次，同时以球击打环跳穴。第 8 拍左脚收回成预备式。

5

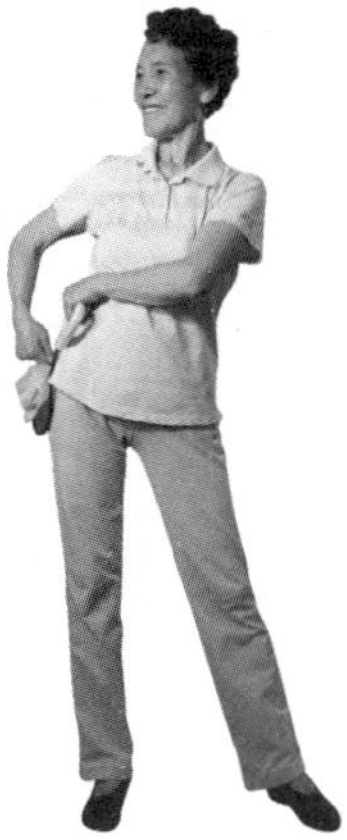

6

7

8

☺ 提示：

◆击打部位要准确。

◆摆髋动作幅度不宜过大。

◆动作要柔和协调。

☞ 揉压身体部位动作

手持球根部，将球放在揉压部位，拇指与食指紧紧捏住球绳，其余三指与手掌同时包住并压住球体，也可以两手同时握住球体（防止球体滑掉）。揉压动作在身体柔软或平坦部位操作效果较好。

❶揉压上腹部（中脘穴）

预备姿势

1-2

3-4

5–6

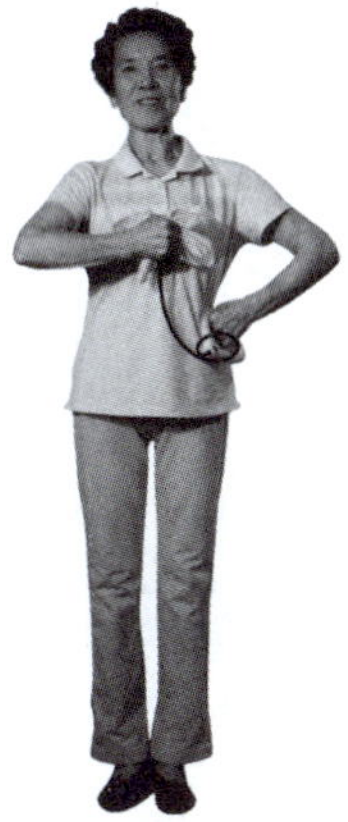

7–8

☺ **提示：**

◆拇指和食指紧紧捏住球绳根部， 同时手的大鱼际部位压住球。

◆向左（右）做踏点步时，球体以顺时针或逆时针的小圆绕动揉压身体。

◆中脘穴在上腹部正中线上。

❷ 揉压任脉动作

预备姿势：右手持球根部将球置于颈前区，左手盖在球上握住球体。

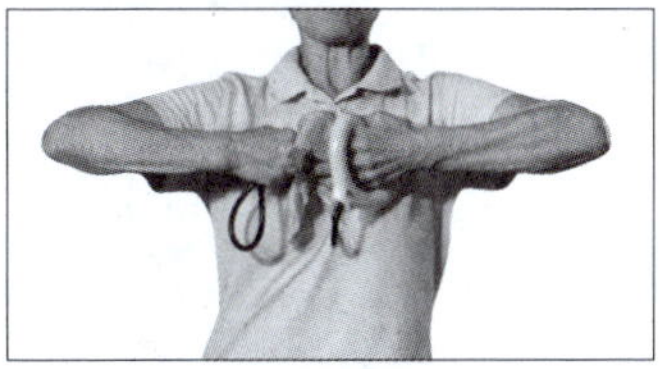

预备姿势

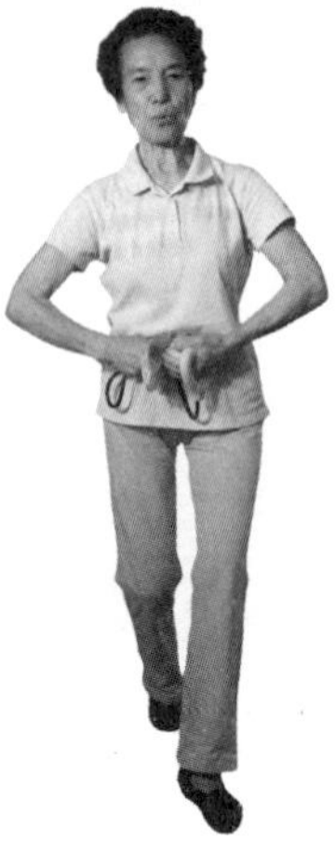

1–4 拍：左腿向前一步稍屈膝，身体重心前移，同时两手压住球向下推至小腹（关元穴）处。

1–4

5–8 拍：身体重心后移，同时左手小鱼际托扶球至颈前区（檀中穴）。

5–8

第二个八拍左腿向左做弹簧步 4 次，同时将球置于檀中穴做顺时针方向绕四小圈。

1–2

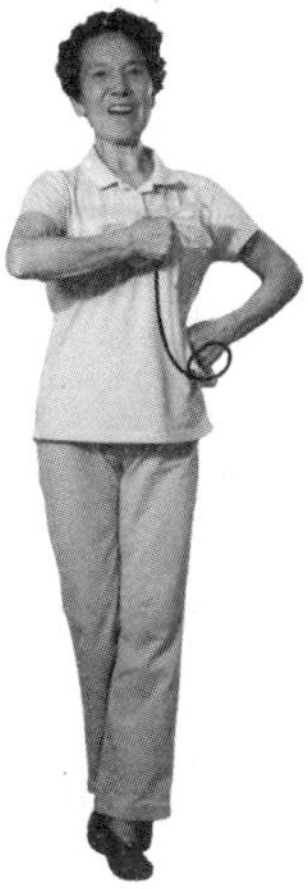

3-4

5-6

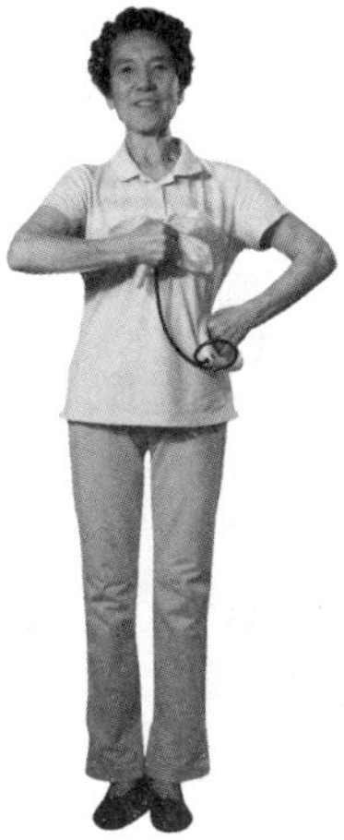

7-8

第三、四个八拍动作同第一、二个八拍，但方向相反。

☺ **提示：**

◆第一、三个八拍的 1–4 拍上体稍向后仰，身体有明显的起伏。

◆第二、四个八拍做弹簧步，且球揉压檀中穴时要匀速，圈不能大。

☞ 踢球动作

一手持柄，球体下垂，可摆动或绕环后做踢球动作。

❶左（右）手持柄前举，右脚内侧前后踢球

☺ 提示：

◆持球柄的手臂随球体摆动控制球的方向。

◆足内侧有脾经的太白穴和公孙穴、肾经的然谷穴。

❷ 弹踢球组合动作

踢球腿在踢球之前经过短暂的屈伸小腿动作之后，再直腿踢球的过程。

第一个八拍：

1–2 拍：右腿弹踢球一次。

3–4 拍：左腿弹踢球一次（动作同 1–2，但左腿弹踢球）。

第 5 拍：右腿弹踢球一次（动作同 1–2）。

预备姿势

1–2

第 6 拍：右手接球持球根部，成右腿在前、左腿在后的分腿开立。

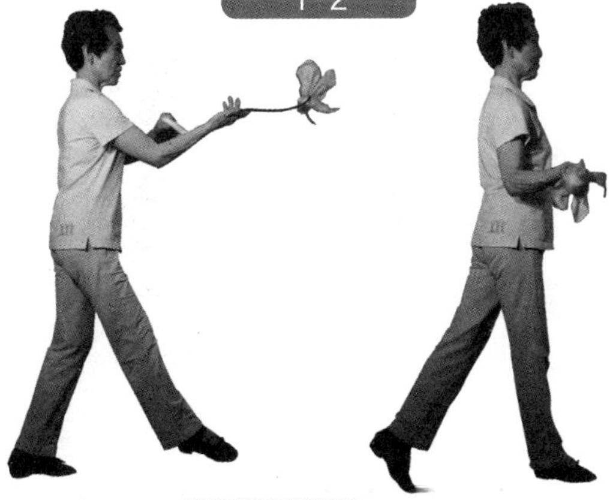

6

7-8 拍：向左转体 180 度。

7-8

第二个八拍：

1-6 拍：按右左右腿的顺序直膝前踢腿，同时右手持球击打小腿的三阴交穴一次。第 6 拍右腿在前。

1

2

3

4

5

6

7–8 拍：右腿在前，左腿在后，站立提踵左转 180 度后，重心在左腿上。

7–8

☺ **提示：**

◆用足背踢球，弹踢动作明显，穴位为足背侧的太冲、行间、内庭等穴位。

◆第二个八拍踢腿时要直膝，身体姿势正确。三阴交穴在小腿内侧，内踝尖上三寸部位。

双球操的基本打法

双球操的特点是两手各持一球，同时上下甩动或绕环击打身体部位，双球不但击打得力度大于单球，而且两球上下跳动就像飞舞的彩蝶，有较好的健身效果和观赏效果。

持球方法

将球绳置于体前或体后均可，以下为三种常见的方法。

第一种，两臂体侧屈，左右手分别握在距球根部 25~30 厘米处。

第二种，两臂侧举，两手持球根部。

第三种，一手持球绳，一手持球根部。

1

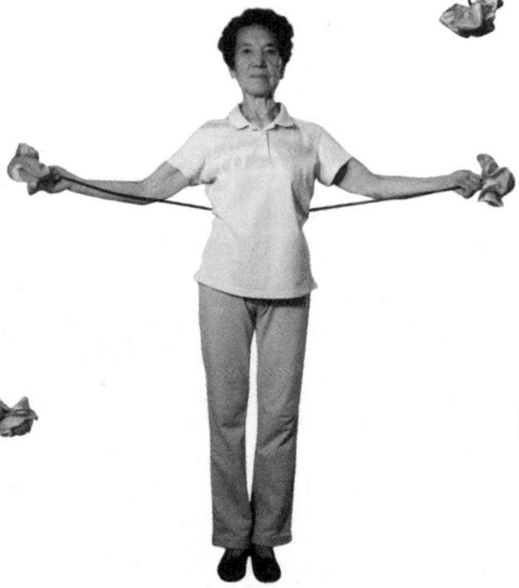

2

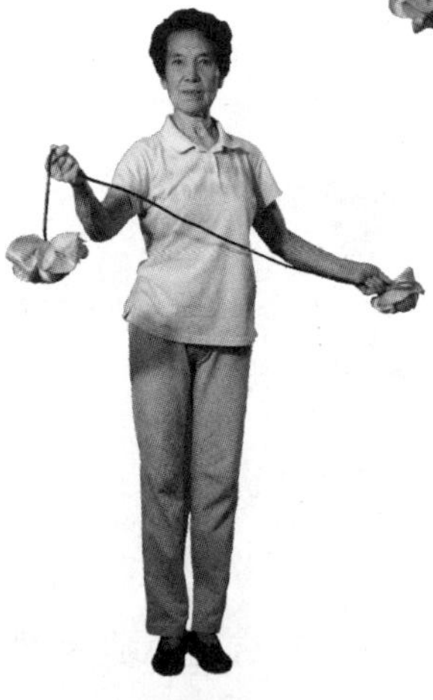

3

基本技术动作（双球操击打的技术同单球操）

☞ 体前交叉左右甩球击打后背动作

☺ **提示：**

◆两臂同时左右甩球击打后背，靠近脊柱两侧部位。

◆参考穴位为心俞穴、督俞穴、膈俞穴等。

☞ 胸前平行甩球上下斜打后背动作

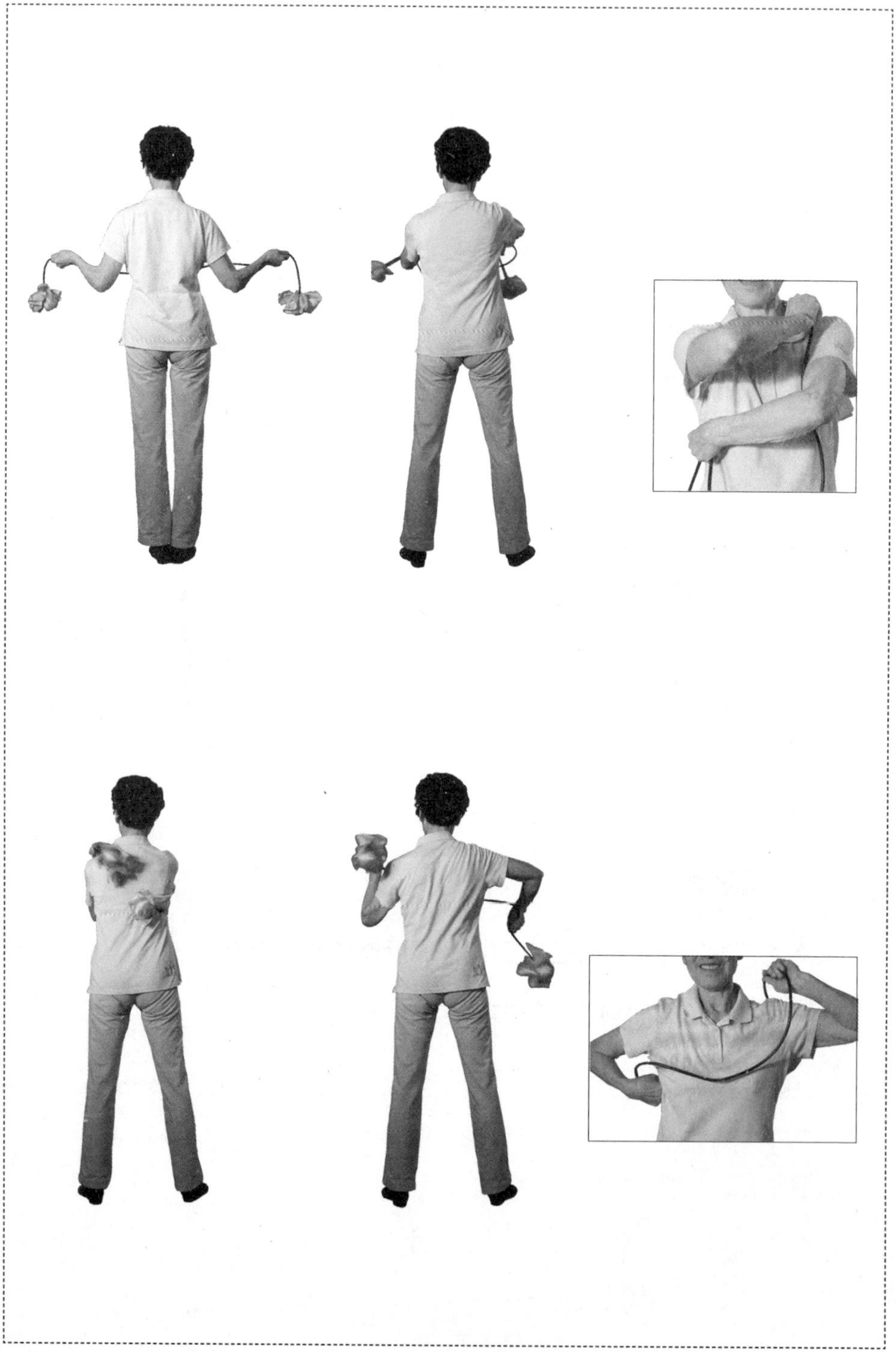

☺ **提示:**

◆在甩球过程中，两臂上下位置不变。

◆击打肩部的肩外俞穴、曲恒穴。

☞ 上下甩球同时击打一侧后背动作

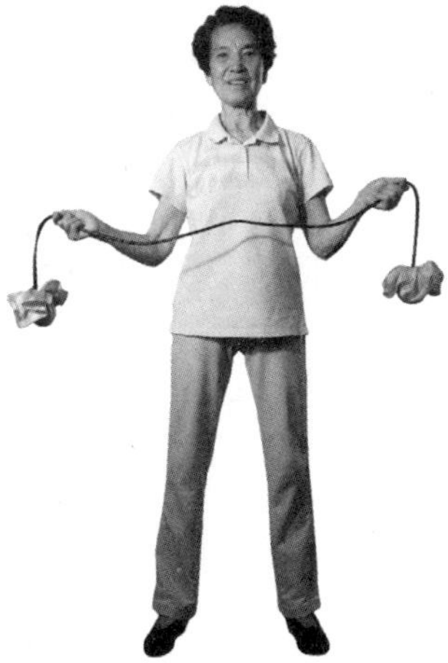

☺ **提示：**

◆每一拍都是两球同时击打同一侧上下身体部位。

◆上球击打胸背部（风门穴、肺俞穴），下球击打腰背部（胃俞穴、肾俞穴）。

☞ 两球同时上下斜打背部动作

1-2 拍：左腿向左侧一步（与肩同宽），两球同时击打左肩背。

3-4 拍：两球同时击打右侧腰背。

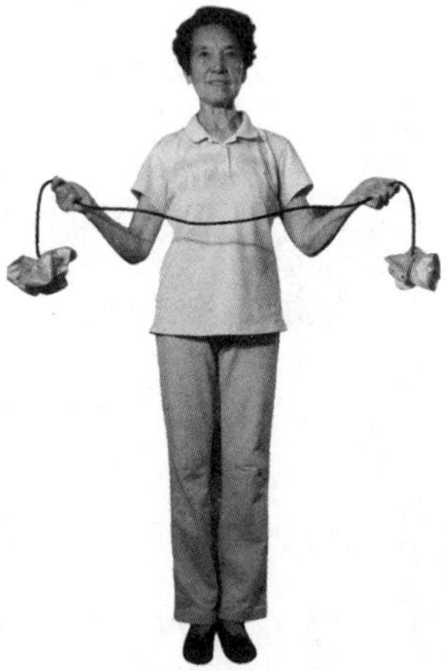

预备姿势

1-2

3-4

5–6 拍：两手持球经头上向左水平绕环一周。

5–6

7–8 拍：两球同时击打左腰背。

7–8

☺ 提示：

◆击打过程中保持两球绳的长度一致很重要，因此拇指与食指一定要紧捏球绳。

◆击打肩背和腰背靠近脊柱的部位。

☞ 绕环击打身体部位组合动作

❶ 体侧绕环打背打腿动作

1-3 拍：两膝屈伸三次，同时两球经下向前绕环三周。

预备姿势

1-3

第 4 拍：屈膝且两球同时击打大腿前下部位（伏兔穴）一次。

4

5-7 拍：经上向后绕三周，腿部动作同 1-3 拍。

5-7

第 8 拍：手臂向后绕，同时以球击打后背，右腿前伸勾脚，左腿屈膝。

8

☺ **提示：**

◆绕环时两臂屈肘，每一拍绕环一周两膝屈伸一次。

◆第 8 拍击打后背的肺俞、心俞等穴位。

❷ 头上、体前水平绕环击打骶部动作

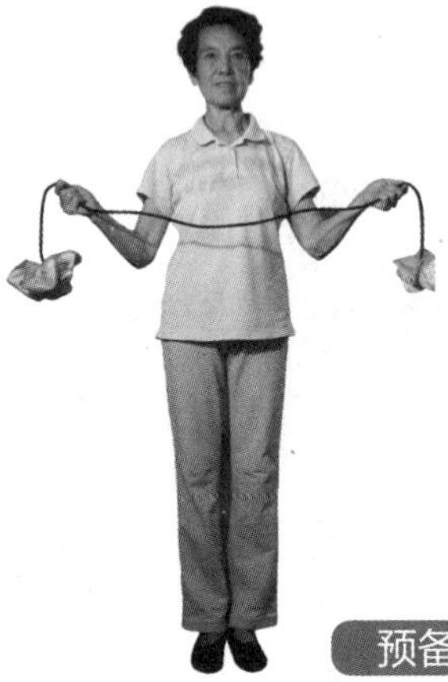

预备姿势

1-4 拍：左脚向左迈一步，同时两臂持球在头上做向左的水平绕环一周半后，球从左上弧形下绕至体前，左腿并于右腿，接着在体前下水平绕环一周。

1-2

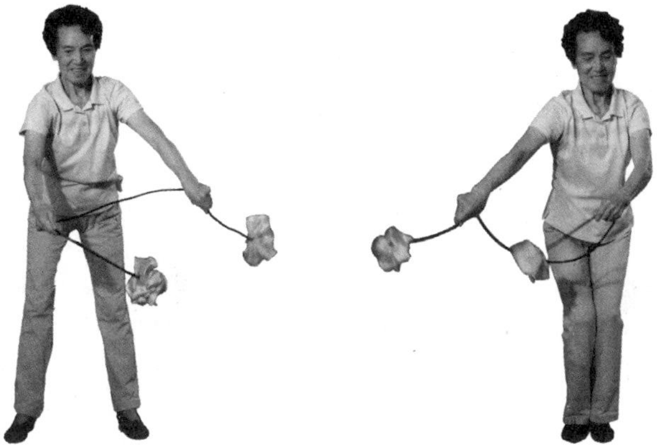

3

4

5-6 拍：左腿向前一步做踏点步，同时两手持球背后击打骶部两次。

5-6

7–8 拍：左腿收回并于右腿，稍屈膝，同时击打骶部一次，成站立，两臂侧下举。

第二个八拍动作同第一个八拍，但方向相反。

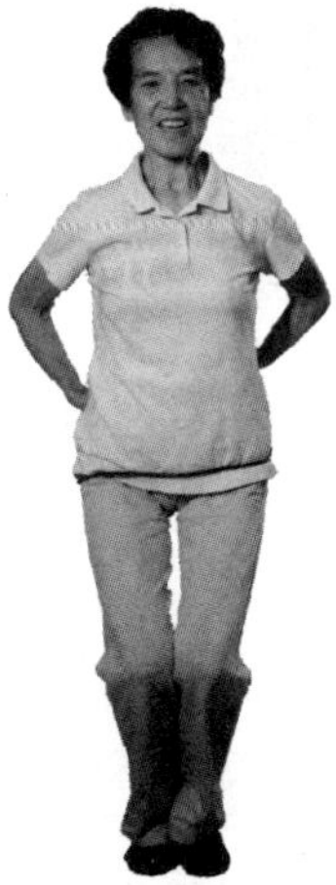

7

8

☺ 提示：

◆绕环过程中手腕不能屈。

◆击打身体部位可适当用力。

◆动作组合有一定难度，但对大脑功能有一定的锻炼效果。

❸ 交叉步体前绕环两周击打髋部（环跳穴）

预备姿势

1-3 拍：左腿向左做交叉步，同时两臂向左绕环三周。

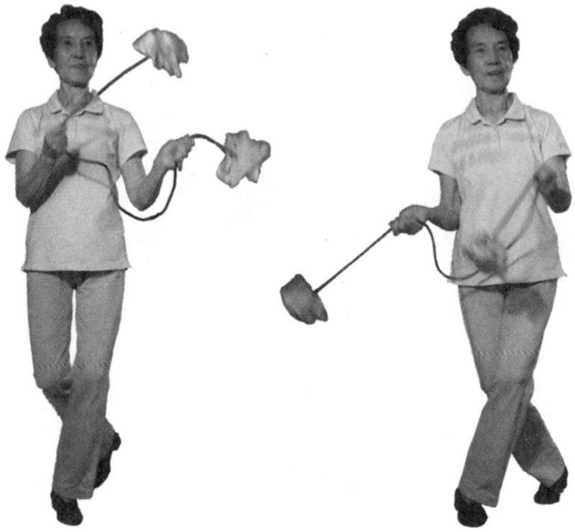

1

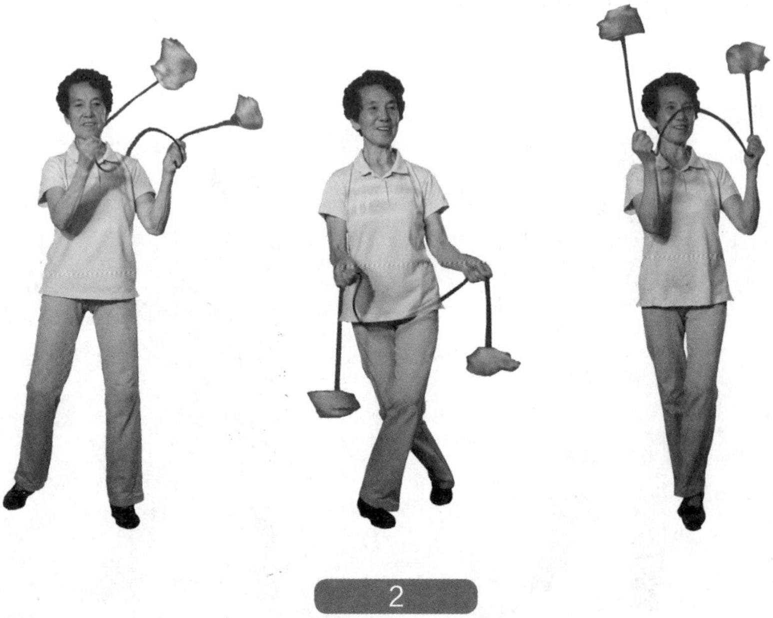

2

3

第 4 拍：右腿并左腿站立，同时两臂侧举，两手沿绳滑至持球根部。

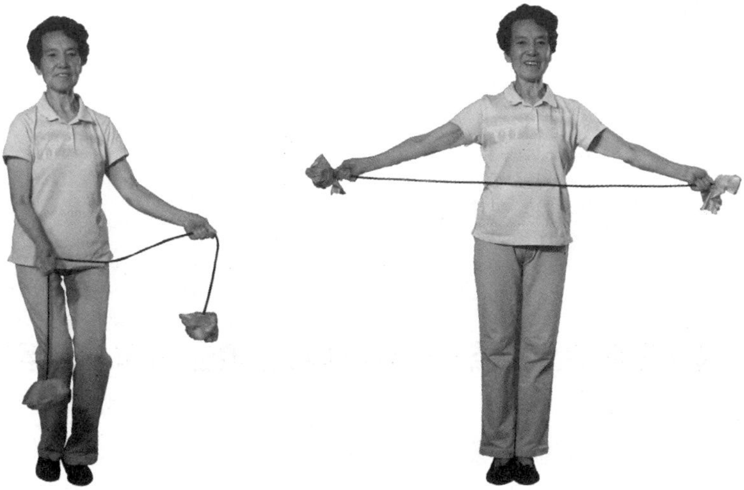

4

5–6 拍：左脚侧点地向上挑髋，同时两手持球击打左髋（环跳穴）两次。

7–8 拍：同 5–6 拍，但动作方向相反。

5–6

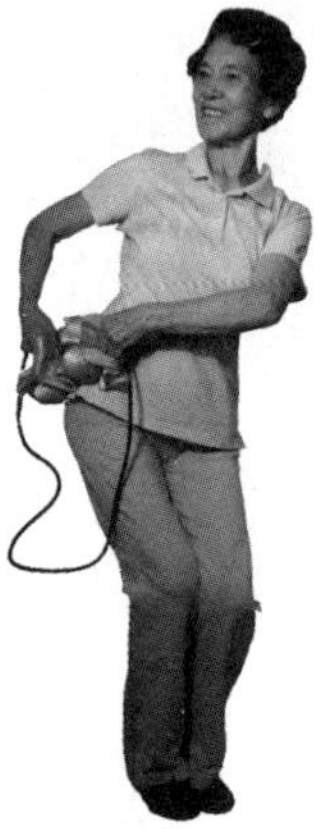

7–8

☺ **提示：**

◆绕环时腕关节不能屈，两手距离与肩同宽或稍宽于肩。

◆击打力度要适当。

◆第二个八拍换方向做。

☞球绳置于体后肩背部击打身体部位组合动作（两手持球根部）

1–2 拍：左腿向左侧一步，身体重心左移，两臂经体前绕球至身体左侧，左手击打肩胛部位（肩井穴）一次，右手击打左腋下靠胸部位置（极泉穴）一次。

预备姿势

1–2

3–4

3–4 拍：动作同 1–2 拍，但方向相反。

第 5 拍：左臂左侧下举，右臂右侧上举（身体重心保持在右侧）。

5

6-7

6-7 拍：左臂击打左大腿外侧（风市穴）两次，右臂动作同 3-4 拍。

第 8 拍：还原成预备姿势。

8

☺ **提示：**

◆绳在体后置于肩背上。

◆击打肩井、极泉穴、巨骨三穴。

☞击打小腿组合动作

预备姿势

1–2 拍：左腿向左侧一步，右臂体前逆时针绕球一周，同时右腿直膝前点地，以球击打右小腿前内侧（阴陵泉）一次，左手置于左侧腰部。

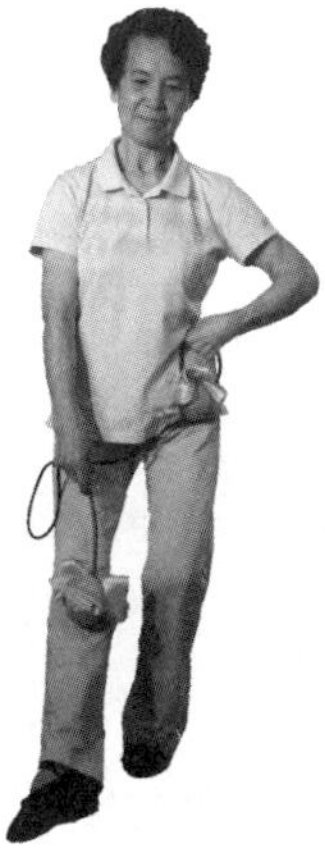

1–2

3-4 拍：动作同 1-2 拍，但换左手做相同动作一次。

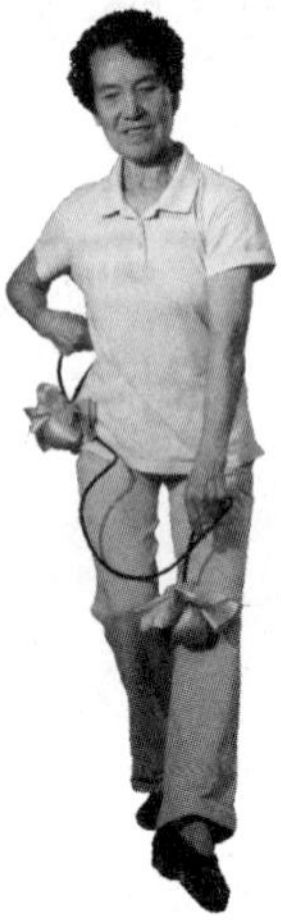

3-4

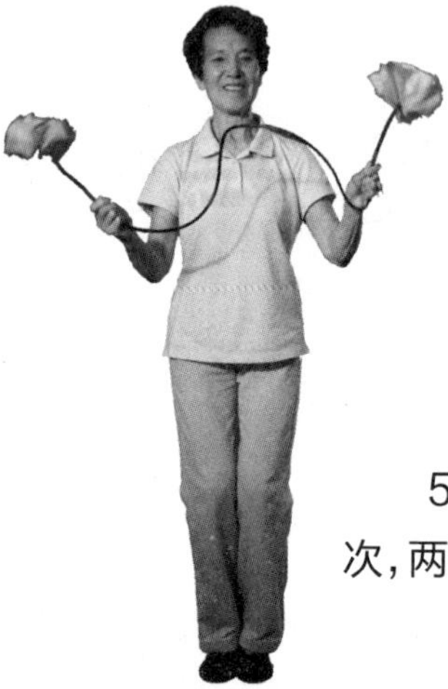

5-6

5-6 拍：两膝弹性屈伸两次，两臂同时向外小绕环两周。

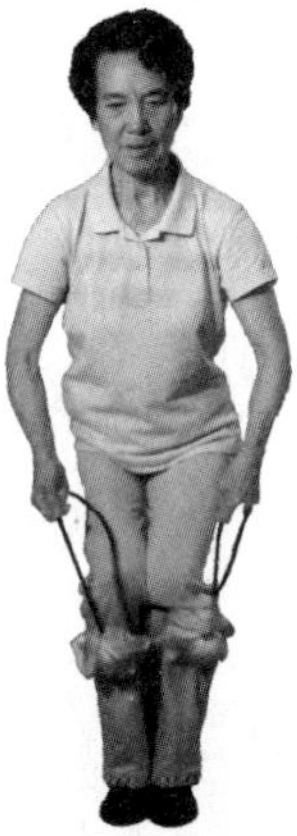

7-8

7-8 拍：两球同时击打小腿前外侧（足三里穴）两次，同时半蹲 。

☺ 提示：

◆绕环时手腕不能屈，手握距球约 10 厘米处的球绳。

◆击打穴位为阴陵泉、足三里。

◆膝部屈伸动作协调。

◆第二次可连续做同样动作，也可以先做左手绕环击打左腿动作。

04

创编健身球操

学会了健身球操的基本打法后，就可以学习和创编健身球操套路了。想要创编健身球操，还得了解健身球操套路的编排种类及基本原则，健身球操套路由动作、音乐、空间、时间四种元素创编组成，以操为主，操舞与击打有机结合，实现强身和保健的作用。所以，在健身球操的套路编排中，必须有它的特殊要求。

编排的基本原则

全面锻炼身体的原则

人体是一个有机的整体，各部位、器官、系统的机能虽有分工和不同的作用，但它们彼此不是孤立的，而是互有联系、互相制约的统一整体。所以我们在编操时，要考虑对身体各部位，如肩、背、腰、骶、上下肢和胸、腹部都能得到均衡的锻炼。充分利用器械的特点，击打到全身的各个部位。且击打的穴位要全面，左右击打的次数要匀称，击打的力度要适当。人体的轴心部位是脊柱，胸椎、腰椎、骨盆、髋关节是人体的核心部位，控制重心的稳定。因此，在全面影响身体各部位的同时，要侧重背、腰、骶部的锻炼，科学合理地进行锻炼。

突出保健性的原则

健身球操最大的特点，是它具有独特的保健功能。通过手中的小球，对身体各部位甩打、拍打、压揉等来刺激穴位，从而达到疏通经络、改善血液循环、增强人体免疫力、祛病健身的保健作用。目前中老年人可参与的活动很多，例如：广场舞、健身秧歌、柔力球、太极拳、交谊舞等，但是健身球操是既能健身，又有一定保健功能的项目。在优美的旋律中，边操边舞，用健身球击打身体的主要穴位，特别是能拍打到背部穴位，堪称“一绝”。常用健身球进行锻炼，能防病祛病，延年益寿。

☞ 以背部穴位为主

前面我们讲过人体的主要穴位集中在背部，许多重要的穴位与脏腑息息相关。在编排套路中要特别注重对肩背部位进行全面系统地击打，力度应由小到大，逐步扩大刺激的面积和深度，这对调节和促进呼吸系统、心血管系统、消化系统、泌尿系统、运动系统的功能均有良好的作用。一个健康人如果有人给你捶腰捶背，你会顿感舒适，疲劳减轻。用健身球击打肩背部也会产生同样的效果，在练习中根据自身情况可进行适度重复地击打，刺激穴位，使对脏腑的保健事半功倍。

☞ 多种打法结合

健身球操的打法繁多，最基本的打法有甩打、绕环打、拍打、压揉、踢打几种。由这 5 种打法延伸在一个套路中可以呈现几十种打法。结合各种操舞动作、跳步、队形变化，编排出既美观大方，又能全方位锻炼身体各部位、各关节的套路。它既是操又是舞，手持健身球，使彩球上下飞舞，把各种打法按穴位的要求（如轻重、缓急）准确、恰到好处地击打穴位。

☞ 达到最佳效果

健身球的各种击打方法会产生不同的效果。不同的穴位用相应的击打方法才能达到最佳效果。如背部应以甩打、绕环打为主，上肢则以击打较多，下肢以拍打、甩打相结合，腹部则以重揉轻打为好，骶部就要平行甩打才能打到穴位。身体各部要以不同的打法、不同的轻重、不同的重复次数才能达到最佳效果。

适合不同人群的原则

健身球操的编排要适合不同的人群，根据不同人群的生理和身体情况来编排套路，才能达到科学健身的目的。

☺ 青壮年期精力旺盛、骨骼健壮，肌肉的反应迅速、身体的协调性和柔韧性较好，爆发力强，可以编排一些技巧高、难度大、节奏快的套路。

☺ 中老年期则根据自身特点编排难度不宜过大的操舞类动作，编排应为节奏快慢相间、难度力所能及的套路。

☺ 老年期就要编排一些节奏稍慢，以基本动作为主的、简单易学的健身套路。

较高艺术性的原则

现代的中老年人是最爱美的一个群体，人到夕阳，有阅历、有时间、有体力、又有经济实力，他们对艺术的欣赏水平很高。要使更多的人热爱健身球操，参与这项运动，就必须使这项运动具有较高的艺术观赏性。

健身球操就是把古老的中医按摩术和现代优美的体操舞蹈结合起来，用科学的方法融体操、舞蹈、戏曲、武术及各类艺术于一体，用旋律优美，节奏鲜明的音乐为伴奏曲，集艺术性、观赏性、表演性、娱乐性为一体，使参加者在健身的同时得到艺术的熏陶。在快乐中健身对自己来说是一种美的享受，对他人来说也是艺术的欣赏。

编排的种类

规定套路的编排

☞ 什么叫规定套路

规定套路是各代表队参加健身球操比赛和交流活动时，按照规则和规程的要求必须要完成的套路。规定套路由全国健身球操专项委员会推荐，中国老年人体协审批通过，每隔 3~5 年推出一套，目前已经推出健身球操规定套路第十一套。

规定套路的编排既要适合大多数中老年人的运动水平，又要有一定的创新动作，在广泛应用基本打法的基础上，进一步开拓不同风格（艺术体操、健美操、民族舞、现代舞、拉丁舞、戏曲、武术等），在动作的多元化、打法多样化方面不断发展创新。规定套路要凸显击打技术的规范、击打穴位的准确、方向和步伐的一致，它不仅仅作为比赛交流活动的基本套路，也为健身球操爱好者源源不断地提供一套套新颖的健身套路，为自编套路的编排增加了新的技术元素。规定套路是引导健身球操运动健康发展的方向。

☞ 规定套路的队形

规则规定，健身球操规定套路是集体性项目，参加人数为 8~12 人。每个参赛队做同一套动作，放同一个音乐，从开始第一个队到最后一个队互相比技术的规范与动作的准确度，每节动作的做法、转体的方向、击打的穴位、脚下的步点、舞蹈的姿态等不能改变。首先要从队形上体现出规定套路的规范性、可比性、完整性、严肃性。

☺ 规定套路比赛时，全队应在场地中间选好位置，8~12 人的队形（一般为长方形体操队形）均匀站好。在这个位置开始，仍在这个位置结束，至全套动作完成位置不要有太大偏离，队员之间的也应该始终保持同等距离，不要忽紧忽松，以保证队形总体的一致性。

☺ 全套动作基本面向正前方完成，可适当加入一些前进后退步、左右移动、斜进斜退、转体跳步，也可穿插面向任何一方的移动，虽然没有队形变化，但是允许有队形整体的移动。

☺ 规定套路的队形虽然不能变化，但步伐却可以广泛应用。在编排中可采用多种步伐。例如：交叉步、撤步、弹簧步、恰恰步、曼波步以及各种跳步，如交换退跳、垫步跳、向前向后踢腿跳、并步跳、大跳小跳、猫跳等，这样使队形既有流动，动作完成起来也欢快美观，使套路更有可比性。

☞ 规定套路的节奏

规定套路的节奏是按中老年人的身体和生理状况确定的，中老年人运动后的正常心率一般在每分钟 120 次左右，所以在动作的编排上节奏一定要适宜，不可过快或过慢。节奏过快会导致动作完成不到位，运动量超过身体负荷，特别是做到套路的后半段时心慌气短，腿脚无力，很容易跌倒受伤。节奏过慢虽然动作完成游刃有余，但却达不到健身的目的，影响健身效果。

按照规则规定，规定套路的时间为 4 分 10 秒到 4 分 30 秒，节奏每分钟 20~22 拍。这样的节奏动作完成起来比较从容，心跳呼吸均适合中老年人的身体状况，成套动作完成后心率测试一般在每分钟 120 次左右。

☞ 规定套路的衔接

规定套路的编排中，套路里动作的衔接要体现一个“顺”字。上节动作和下节动作的衔接，左右手交换时的衔接，改变动作方向时的衔接，各种步伐、舞蹈姿态的衔接等要巧妙自然，在不知不觉的状态下，变化过渡自然合理，使练习者感到动作衔接自然流畅、水到渠成、舒展自如。特别是上节动作和下节动作之间的衔接，在编排动作时就应该做好铺垫，顺势而为，上节动作的结束就是下节动作的开始。健身球的换手动作也一样，因势利导利用转体、改变动作方向、改变打法时，编排适合换手的动作随而带进，顺畅、自然、不生硬是动作衔接的巧妙体现。

☞ 规定套路的亮点

每一套规定套路的推出都有其明显的特点，动作有亮点。这个亮点就是一个“新”字。纵观在全国推广的十一套规定套路，体现了每个时段的特点和风格，无论是音乐的选配还是动作的编排，都让人有耳目一新的感觉。一套大众喜爱的规定套路，动作必须新颖独特、别具一格。

规定套路整套动作基本上在 17 节左右，每节动作应有主要击打的穴位，基本以 4×8 拍为一节。它由热身练习做起，在边操边舞击打穴位的进程中逐步加大运动量，一般在跳跃运动后逐步舒缓放松，至整理放松运动后在静态造型中结束，反复击打主要穴位 20 余个。在甩打、拍打、按揉穴位的同时，把不同的姿态和肢体动作衔接起来，吸纳体操、舞蹈、武术、戏曲及各类艺术风格的动作为健身球操所用，编排成一套新颖大方、不落俗套、喜闻乐见的套路。

总之，编排规定套路一定要有亮点动作，这些动作既实用、又新颖，有推陈出新、与时俱进的思路，并且能提高规定套路的艺术表现力。一套新的规定套路完全沿袭老的打法，是无法得到认可和喜爱的。

☞ 规定套路的音乐

规定套路的音乐一般在套路基本编排成型后，按照动作的特点选配合适的曲目。套路的音乐要与动作的风格一致。音乐节奏要明快、健康向上、充满激情，是中老年人喜欢的曲目，以耳熟能详、经久不衰的经典音乐为宜。确定曲目后可根据动作进行编辑和加工，加入必要的音效，使音乐效果达到极致，让人闻声而动，增强学习套路的热情和欲望。音乐前奏不得超过 2×8 拍，从动作开始至结束的主题音乐时间是 4 分 10 秒至 4 分 30 秒。

自编套路的编排

☞ 什么叫自编套路

自编套路也叫自选套路，它是沿袭竞技体操的叫法。那什么是自编套路呢?自编套路是指遵照健身球操的规则和比赛交流活动的规程，根据自身团队的特点创编的参加比赛交流活动的集体套路。

自编套路以参加比赛交流活动为目的，严格按照规则和竞赛规程进行编排，符合规程所要求的各项条款。从科学性、保健性、艺术性方面综合考虑，力求编排新颖、巧妙、独具风格，赢得裁判员的认可。

☞ 自编套路的编排程序

编排的程序是：确定风格、搭起架子，选择音乐、编排动作，设计队形、展现完美，边练边改、不断完善。

❶ 确定风格、搭起架子

自编套路首先要有构思，就是对成套动作的整体设想，第一步要确定团队的表演风格，搭起架子。

☺ 根据参赛人员的年龄、身体状况、技术特点、运动能力高低来确定套路的风格和音乐的风格，扬长避短，创编本团体可操作、易表演、好完成的套路。

☺ 风格确定后，要搜集素材为我所用。可以在合适的范围内，如舞蹈大赛、团体操以及经典套路中学习改编，为我所用。更提倡自己创编有特色、有风格的动作，创编有本队风格的新套路。成套动作按照时间和动作的先后可分为：开篇组合、过渡组合、高潮组合、舒缓组合、结束动作组合。

开篇组合——开始阶段

出场的亮相非常重要，它是奉献给裁判员和观众的第一印象，要设计得新颖独特，让大家眼前一亮。无论是静态的造型还是动态地移动，是集体起动还是依次动作，一定要有新的创意，不落俗套、美妙大气的开始是成功套路的第一步。在逐步展开的热身练习过程中，允许有两节（8×8 拍）不拍打穴位的动作，此时应编排一些优美舒展的舞蹈组合，伸展拉开身体各关节和韧带，创编出一个引人入胜、使人联想翩翩的开篇组合。

过渡组合——过渡阶段

热身后的篇章配以轻盈有节奏的拍打、压揉或节奏舒缓的动作，需多个不同的组合动作构成，根据音乐和队形的变化将套路逐步引向高潮。也可以用大气稳健的对等形和不等形队形表现全队整齐一致、开阔稳健的动作，凸显本队的技术特点，把自己的长处展现给裁判员和观众。

高潮组合——高潮阶段

随着运动量逐渐增强，音乐旋律的逐步深入和主旋律的出现，动作的强度、密度、幅度、力度逐步提高，活动范围增大，整套动作一些精彩的组合均在这阶段出现，跳跃、奔跑、大绕环、快速甩打、造型、队形瞬间变化等，表明高潮阶段的出现。高潮阶段不可过长。运动量的大小根据本队的身体和技术掌握情况而定。一套动作要有跌宕起伏的变化，可出现两三次高潮，以凸显成套动作中的精华。

高潮组合的动作应具备以下特点：

A. 风格突出。具有地方、民族、戏剧、武术、异国风情等不同风格的精彩动作。

B. 动作姿态优美、洒脱，动作质量规范、整齐到位。

C. 击打方法新颖别致，创编出有新意、有实效的击打方法。

D. 队形变化流畅、合理、新奇、玄妙，队形与动作的组合有独到之处。

E. 音乐动听悦耳，与动作配合贴切，烘托情感、打动人心。

套路中最经典的组合在变化中展现出来，形成整套动作的闪光点。在这阶段要注意拍打穴位的密度，不要出现过多不打穴位的空拍，如 4 拍击打一下或 8 拍击打一下，更不允许出现超过 8 拍还不击打穴位，也可以快慢交替呈现，柔美的舞蹈和阳刚的跑跳转体动作均在这段展现出来。

舒缓组合——舒缓阶段

随着运动量的减弱，成套动作将接近尾声。调整呼吸，拉长肌肉群，放松全身各个关节的舒缓整理组合在套路中出现。一般以 4×8 拍为宜，以徒手动作和舞蹈组合展开，为结束作好铺垫和队形上的准备。

结束动作组合

结束动作的精彩造型会起到画龙点睛、锦上添花的效果，绝不可轻视。可以和开始动作相呼应，也可选择聚拢或分散造型及各种新形式的结束动作，将画面定格在最美的状态。

❷ 选择音乐、编排动作

选择合适的音乐是自编套路的头等大事，音乐不仅仅是一种音响效果或节拍器，它还表达了内在的情绪和意境。好的音乐能够打动裁判员、打动观众、更能够打动自己。使外在的动作美与内在的情感揉和起来，加强了表现力，激发起全队的激情和表现欲。

☺ 选择音乐

音乐是以节奏、旋律、调式、韵律构成的听觉艺术，健身球操与音乐密不可分，音乐可谓是健身球操的灵魂。健身球操在音乐的激发下，使动作风格、动作力度、动作幅度表现得有声有色。和谐优美、节奏感强的音乐与动作紧密结合，在音乐的烘托下，增强了健身球操的感染力和表演效果。

音乐又是表达思想感情的一种艺术，格调健康、积极向上、节奏性强的音乐，能有效地激发练习者的积极性和热情，使人闻声自娱，做而入境，欲动不止，得到健与美的享受。

选择音乐一定要与套路的风格、结构、节拍相一致。要大气恢弘，不要小曲小调，音乐节拍以 2/4 和 4/4 为主。

☺ 编排动作

一般来讲，教练员是根据音乐编排动作，也有先编动作，再来配音乐的。不管如何安排，根据各自的喜好做好准备，便可进入到套路的编排阶段。

顺向编排：就是按乐曲的顺序，从开始至结束顺着编排。

自由编排：不按乐曲顺序，以创作者的灵感，从任意段落编排，沿自由的发展思路展开，先编出组合动作或小的段落，再按音乐的旋律搭配完成整个套路的雏形。

成套动作编排基本结束后，首先要检查一下套路是否符合竞赛规程的要求。例如：开始热身部分和结束部分，不拍打穴位部分是否超过规定的节拍，中间部分的左手击打是否编排，有没有超过 8 拍不击打的动作，器械的功能是否充分应用，击打的穴位是否全面，场地的空间是否合理充分利用等。发现问题及时调整。

❸ 设计队形、展现完美

队形设计是套路编排的重要内容。健身球操是集体表演项目，表现整体的团结协作、相互配合、互相关照和制约。巧妙新颖、简洁流畅、穿梭自如、活力四射、大气恢弘的队形是展现套路的基本保证，它强化了健身球操的艺术性，使套路更加完美。队形的变化也可调节运动量，在队形变化中快慢相间、张弛结合。规则规定自编套路要有六次队形变化。正常比赛套路一般队形变化在 10 次以上。队形设计是自编套路中三个重要因素之一（动作、音乐、队形），自然流畅的队形配之美妙悦耳的音乐和舒展大方的操舞动作，才能达到套路的最佳效果。新队形的出现要有停顿和展示的时间，给人留下清晰的印象。队形千变万化，可以有各种队形，主要可分三类：

☺ 对等型队形

对等型队形是健身球操自编套路最基本的队形，运动员在相对固定的位置上完成一段动作，要求队形的图案清晰明确，使人一目了然，每个队员所站的位置合理准确，恰到好处，在对等型队形上的动作应大气舒展、整齐划一，给人以干净、有力、开阔、稳定的感觉。对等型队形有：方形、圆形、三角形、八字形、十字形、丁字形、梯形、弧形、菱形等，主要队形如图。

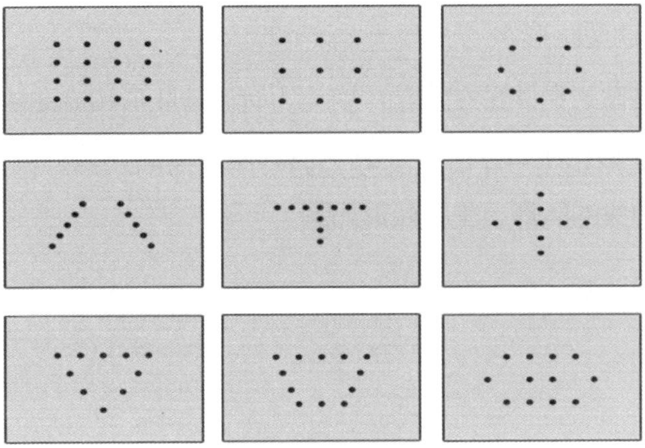

对等型队形

不对等型队形

在队形变化过程中，如需要着重表现某一动作或某一部分人的动作时，可以用不等型队形来衬托和突出。需要突出的一部分人在某个队形上可做一些难度大、技巧高、动感强的动作，展示给裁判员和观众，而其他人则可以简单的队形做简单一致的陪衬动作，这样既增加了全套动作的亮点，也增加了画面的立体感，主要队形如图。

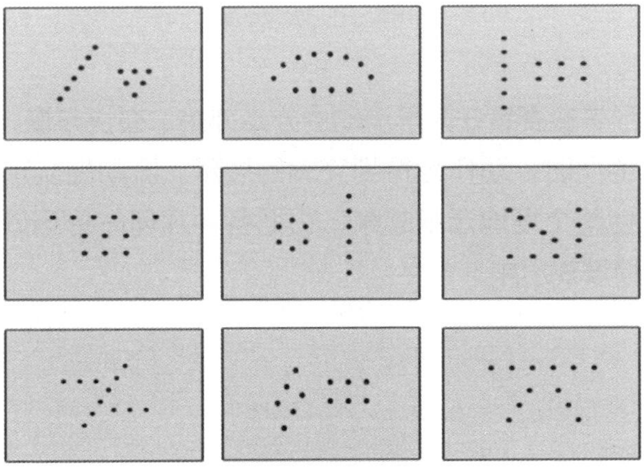

不对等型队形

☺ 流动型队形

流动型队形是队形在流动中变化，有过渡队形和流动队形两种。

过渡队形是由一个队形转换为另一个队形的动态过程，是瞬间出现又很快消失的队形，主要队形如图。

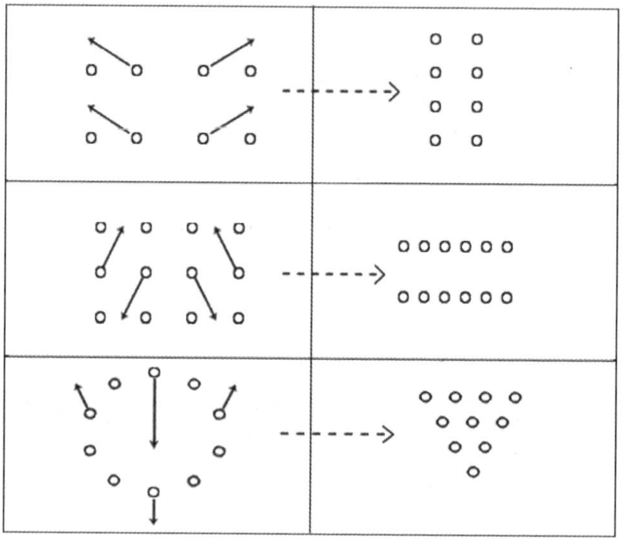

过渡队形

流动队形是参赛者在队形流动中亦走亦跳、亦快亦慢、亦动亦静，在队形变化的同时，动作也得到完满的展示。流动型队形使整个套路充满生机，使整个场地活跃起来，它把各种几何图形巧妙地、连绵不断地轮回转换展现出来。

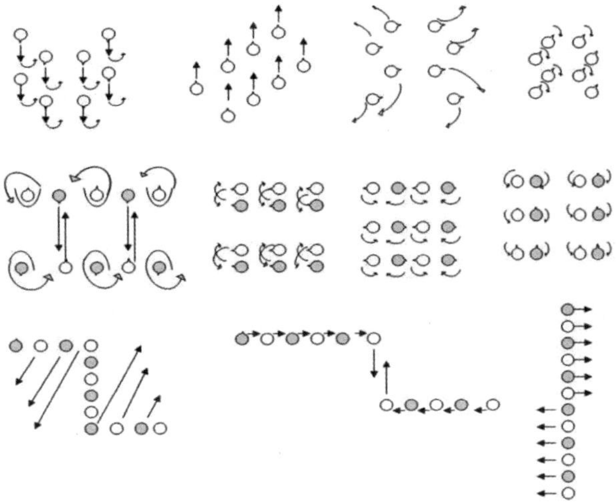

流动队形（1）

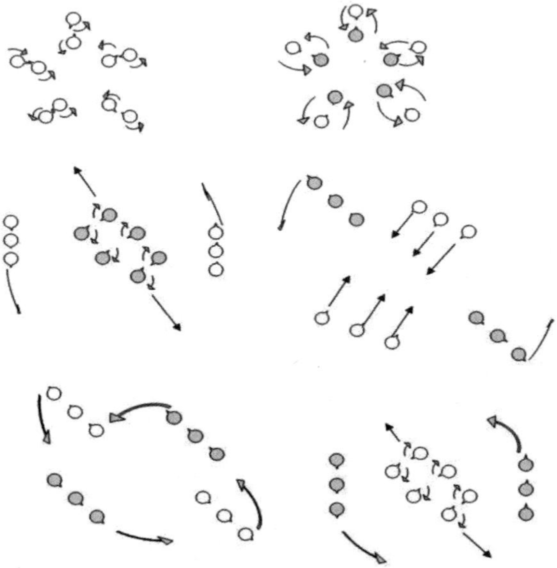

流动队形（2）

自编套路主要队形图示有以下几种：

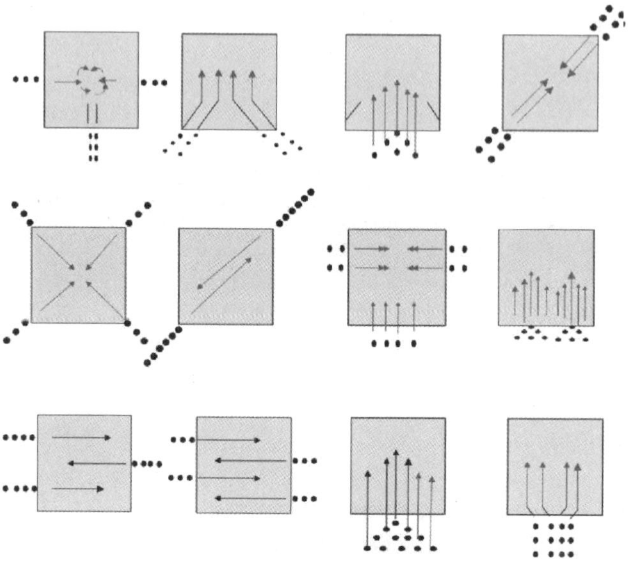

出场队形

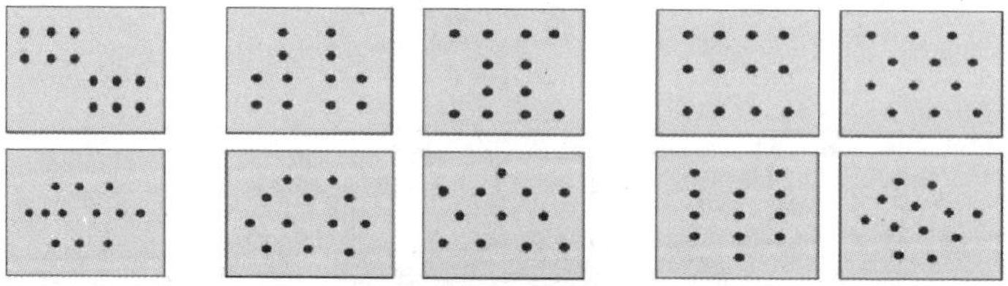

散点队形

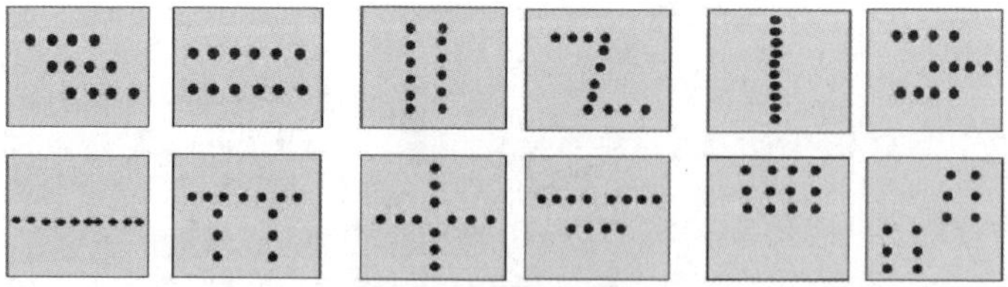

纵横排队形

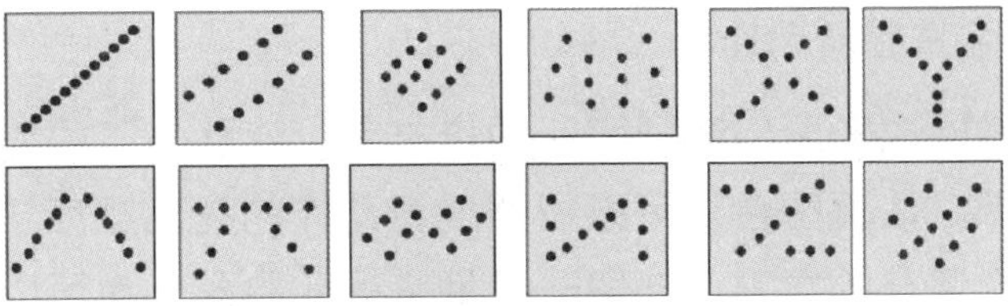

斜排队形

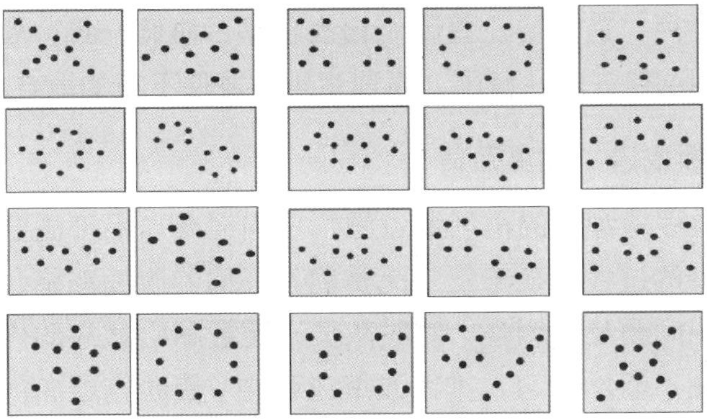

圆形队形

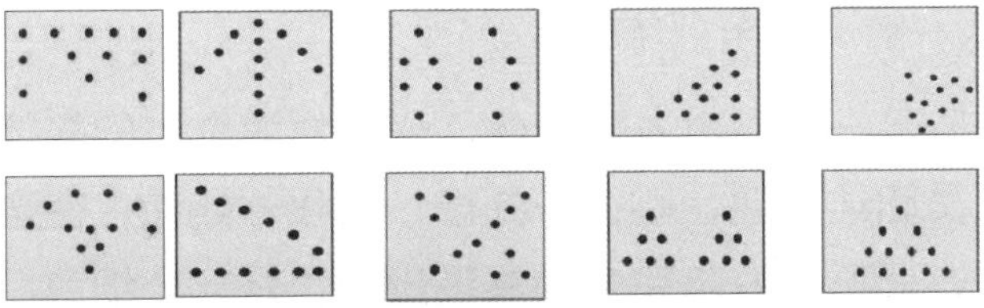

三角形队形

❹ 边练边改、不断完善

任何成功的作品都要经过多次修改和反复实践，排练是创编的继续和升华，是在原始套路的基础上进行提炼、加工、美化的过程，它可以分为以下几个阶段。

☺ 学习掌握新动作

套路编排成形后，在学习新动作之前，让队员了解编导的整体构思和设想，认真配合。可以按照成套动作的先后顺序学习，从开始动作逐个逐节的学习，一段一段地掌握和熟悉。也可以把复杂一些的组合和新难动作提炼出来，专门学习掌握后，再把成套动作串联起来，加入到队形中进行排练，一边排练一边完善创作构思，成套动作掌握后，首先要检查动作和音乐是否协调一致，表现形式是否吻合，用动作去服从音乐、表现音乐，发现不符的地方尽快处理。

☺ 不断改进、追求完美

排练过程是套路的再创编过程，任何经典作品都需要一个不断改进和完善的过程。在未正式比赛前，任何的改编都是必要的和合理的，发现问题及时调整，此时队员一定要耐心适应动作改编的繁琐变化。在不断地学习、排练改编过程中，使动作更加优美协调、队形更加合理巧妙、音乐和动作的结合更加契合、全队的动作风格更加整齐一致，呈现出一幅视觉和听觉上完美的画面。

☺ 团队一致，艰苦训练

健身球操是一个融个人为集体、化集体为个人的集体性展示项目。全体队员团结一致，心往一处想，劲往一处使，使全队动作风格整齐划一，把每个姿态完美的展现出来，是一个细致、艰苦的训练过程，训练中必须做到以下几点。

基本动作一致：要达到套路完成的高质量，必须做到基本动作过硬，各种击打方法高质量。良好的基本功本身就是一种很好的风格。每次训练前一定要坚持基本打法的训练，如大幅度的甩打、绕环打、击打、球绳的收放等，这些基本动作都应完成得尽善尽美，要让每个队员的一招一式都如同一人，球的绕环轨迹要如出一辙，必须经过艰苦严格的训练和全队的反复磨合。

舞蹈姿态的一致：手位、脚位、方向和头、眼、动作规范，姿态优美。

全队水平一致：一个好的团队，应该是总体水平比较一致的队伍，只有某几个人出色而一部分人比较差是不能完成好作品的。

训练和正式比赛要求一致：训练一定要适应比赛需要，排面的高低、步幅的大小、表情的收放，场上场下要求一致，从难、从严、从比赛的需要出发。把每次练习当作比赛来完成。

健身套路的编排

☞ 什么是健身套路

健身套路是以基本动作和基本打法为主，以击打穴位和简单易学的操舞动作为主线编排的，适合中老年朋友的普及推广套路。它美观大方，一看就懂，一学就会，是受基层欢迎的大众套路。

☞ 健身套路的特点

❶ 音乐喜闻乐见、富有感染力

一套受大众喜爱的健身套路，它的配乐必定也是节奏明快、旋律优美。主要概括为以下几点。

☺ 旋律优美：欢乐悦耳的音乐能给人带来愉悦的心情，更适合作为健身套路的配乐。

☺ 节奏适宜：健身套路的节奏基本在每分钟 18~20 拍，更适合中老年人，这样做起动作来从容不迫，击打到位，很得中老年人赞赏。

☺ 曲调熟悉简单：耳熟能详的曲目，易唤起人美好的回忆，使人仿佛回到了青春年代。

❷ 健身与保健相结合

健身套路的编排不同于规定套路和自编套路，它一般不作为比赛套路，因此更注重健身和保健的功效。在套路的编排上，可以不变队形也可以有简单的队形变化，它没有复杂多变的难度动作，是以朴实的击打方法、简单的舞蹈动作，基本的脚下步伐，击打几个主要穴位来编排的大众套路。但是在完成动作中，一定要球绳放开击打，动作的幅度做大，力度适宜，击打到位，主要穴位反复击打，这样才能起到健身和保健的作用。

❸接地气，融地方和民族特色

近两年来出现的健身套路有相当一部分是各地区、各民族自创、自编、自导、自演的大众套路，具有浓厚的民族特色和地方风格，它接地气、通大众，是健身球操健身套路中一支不可忽视的后起之秀。

❹ 简单易学、易于推广

健身套路最大的特点在于简单易学、易于推广。整套动作时间不长，一般在 3 分 30 秒到 4 分 30 秒，动作简单，好看好学。正常学习一套动作需要三节课，而健身套路一节课就可学会。它对套路完成没有严格的标准，没有规定套路严格规范的要求，没有自编套路的难度和多变，它以健身和保健为目的，近两年已在基层中开始推广，深受大众欢迎。

05

舞动健身球操

体育是人类一种有意识的身体活动，它通过专门设计的身体运动来达到增强人们的体质、提高竞技水平、丰富社会文化生活的目的。健身球操是竞技体育项目吗？答案应当是肯定的。健身球操的竞技性与其他竞技体育运动项目一样，只不过竞技方式不同而已。

竞赛的意义

搭建平台

体育竞赛是一项多功能的社会活动，它也给人们提供了一个表现自我和展现集体风貌的平台。人们可以从社区、单位、乡镇和群体组织的健身球操比赛中得到满足，振奋精神，从胜利中受到鼓舞，从运动员的参与过程和拼搏精神中受到启迪和激励。不少中老年人就是在观看健身球操的比赛过程中产生练习欲望的，从站着看到试着练，再由实战练到比比看，逐渐成为健身球操能手。

推陈出新

俗话说“流水不腐，户枢不蠹”，万事万物都是在运动中发展成长的。健身球操也需要靠活动和竞赛来推陈出新，发展壮大。因此，每次比赛都有新人新队涌现，新的击打技术展示和新编套路的表演，让人们期待着再一次比赛的到来。1999 年 6 月，中国老年人体协在襄樊市（现改名为襄阳市）举办的“全国城市老年人无极健身球保健操（舞）比赛”吸引了不少人参加。2000 年 10 月又在昆明举行“全国中老年人无极健身球保健操（舞）比赛”，来自全国 30 个省、市、自治区，162 支队伍的 2400 名运动员参加赛事，澳门特别行政区第一次派队参加。这不仅是健身球操发展史上规模最大、社会各界反响强烈的一次赛事，而且直接影响到健身球操技术向前发展的进程：运动员击打技术多样，出现组合性击打，不仅打法好看，而且更有实效；舞蹈动作自然融入到体操中，姿态各异十分优美；民族服饰端庄艳丽，令人目不暇接；音乐悦耳动听，节奏明快。这次比赛出现的新气象让大家耳目一新，也让健身球操站上了历史的新起点。

普及提高

健身球操比赛是广大群众直接参与和观看的体育活动。高水平的赛事会吸引众多群众踊跃到场欣赏高超的技艺，激发群众参加健身球操活动的兴趣，促进健身球操在基层的普及，推动健身球操的发展。1997 年 11 月，河北省首先举办全省中老年泰迪健身球保健操比赛，期间全国妇联、湖北省、山西省派人到河北观摩比赛，影响很大，波及全国各地健身球操普及活动。1998 年，由中国老年人体育协会主办、河南荥阳承办的全国第一次无极健身球保健操（舞）表演比赛，现场人山人海。表演者身着色彩鲜艳的民族服饰，在悦耳动听的乐曲声中豪情满怀地翩翩起舞，五彩缤纷的彩球伴着优美的舞姿在身边飞舞。他们在观众雷动的掌声中尽情地舞，尽情地跳。场外的人们心旷神怡，忘了年龄、忘了烦恼，焕发了青春，激发起心中的活力，不少人从此走向运动场，加入到健身队，舞动健身球操，收获了健康，享受着欢乐。

竞赛的特点

重在参与，旨在康乐

随着老年体育事业的发展，针对老年人的生理、心理特点开展了多种形式的健身球操竞赛活动，以满足老年人日益增长的健身需求。健身球操常用的竞赛方法是顺序赛，就是按特定的参赛顺序依次进行比赛的方法，做到安全第一，重在参与、重在健康、重在快乐、重在交流。新形式的健身球操竞赛活动对推动群众性老年体育活动的开展、促进技术水平的提高、活跃老年人的生活起到了显著作用。

展示风采，淡化金牌

老年人的体育竞赛与其他年龄段人群的体育竞赛有着很大的不同，应当是不为名、不为利，安全第一、康乐为主。因此，举办中老年人参加的健身球操竞赛的首要任务是弱化锦标、淡化名次，丰富全民健身活动内容，为中老年人身心健康服务。为减轻老年人参加竞技的压力，中国老年人体协每年举行的全国老年人健身球操比赛都冠名为交流活动，采用裁判员当场打分、裁判长公开出示最后得分的办法，将体育竞赛原有录取名次奖改为只设优胜奖和优秀奖两类奖项，模糊和淡化名次概念，获奖比例定为6 ：4，即优胜奖6和优秀奖4；增设体育道德风尚奖、最佳编排奖、最佳表演奖、最佳配乐奖等，让更多的参赛队获得理想的好成绩和心理上的成就感，高兴而来，满意而归。

互相学习，共同提高

运动竞赛是一项良好的社会活动，参与和欣赏均可以促进社会人际交往，开发智力。运动竞赛又是一项以争取优胜为直接目的，以运动项目为基本内容，根据规则而进行的智力、体力、技艺和心理水平相互较量的过程。通过健身球操比赛，运动队不仅在场上展现出新的击打技术和展演艺术，还可以检查群众性活动的开展质量，进而互相交流经验，互相学习，共同提高健身球操的运动水平。

全国性竞赛

竞赛类型

☞ 全国老年人健身球操交流活动

这是纳入中国老年人体协全年工作计划，并由中国老年人体协主办、全国各省区市组队参赛的全国交流活动，每年举办一次。

1998 年 11 月，由中国老年人体协主办的全国第一次健身球操比赛在河南荥阳举行，盛况空前，在全国影响很大。之后，中国老年人体协加快推进健身球操的发展工作，每年都举行一次全国比赛。

四年一届的全国老年人体育健身大会健身球操交流活动，则是最高规格的综合性赛事项目之一。每一届比赛都是经国务院同意，由国家体育总局、全国老龄工作委员会办公室、中国老年人体协共同主办。2009 年 10 月，第一届全国老年人体育健身大会健身球操交流活动在浙江省桐庐县举行；2013 年 9 月，第二届全国老年人体育健身大会健身球操交流活动在河南省焦作市举行；2017 年 8 月，第三届全国老年人体育健身大会健身球操交流活动在新疆伊犁哈萨克自治州奎屯市举行。

☞ 全国“健身球操之乡”交流活动

为进一步发挥“全国健身球操之乡”的示范作用，展现“健身球操之乡”的风采，由中国老年人体协主办，各地承办，健身球操专项委员会协办的“全国健身球操之乡”交流活动，推动了我国健身球操运动的普及活动向前发展。

2015年，第一次“全国健身球操之乡”健身球操交流活动在青岛市举行。2016年“全国健身球操之乡”交流活动在浙江东阳举行。2017年“全国健身球操之乡”交流活动在湖南娄底举行，吸引了近50支基层代表队参加。

☞ 全国健身球操邀请赛

❶ “大成杯”健身球操全国邀请赛

为结合健身旅游，推动健身球操运动发展，满足基层健身球操运动队外出交流学习的需要，在中国老年人体协的支持和指导下，浙江省老年人体协和杭州大成职工疗休养旅行社有限公司共同商议举办“大成杯”健身球操全国邀请赛。该项赛事从 2013 年起至 2017 年已先后在浙江、广西、贵州举办。

②“泰迪杯”健身球操全国邀请赛

为进一步推动健身球操运动创新发展，在中国老年人体协的支持和指导下，2015 年“泰迪杯”健身球操全国邀请赛在广西壮族自治区北海市举行。2016 年，该项赛事在桂林举行。

竞赛内容

☞ 竞赛设项

①规定套路（集体）

健身球操规定套路是能让中老年人的生理和心理所承受的大众化练习套路，符合规则的要求，经中国老年人体协健身球操专项委员会推荐，中国老年人体协审定并正式推广，方能成为运动会的竞赛项目。

作为每次运动会比赛的规定套路，参赛队必须做到：

☺ 全套动作每节的顺序不能颠倒，每节动作的做法、节拍不能改变，不可附加动作，步法和方向不能改变，要求转体的动作转体角度不能超过或不足。

☺ 每节动作拍打的穴位、拍打方法和拍打的次数不能改变。

☺ 为充分体现规定动作的完成质量，规定套路从动作开始至结束只允许在一个队形上完成动作，不能有队形变化。

至今共有十一套规定套路供正式比赛选用。

❷ 自编套路

集体项目

健身球操自编套路（集体项目）具有“健身性、保健性、艺术性”的特点，健身球操自编套路不得与规定套路雷同，每队上场队员为8~12 人。

☺ 科学健身性：动作选择要全面影响身体，应有头颈、胸、腹、背、腰、上下肢等部位的活动；整套动作的运动量和难度应符合老年人生理特点；拍打穴位的动作应与身体各部位（臂、腿、躯干等）动作协调配合。

☺ 保健性：拍打穴位应以背部（脊椎两侧）的穴位为主，成套动作中拍打背部穴位至少要求三节以上，每节不少于 4×8 拍；拍打穴位的方法多样化，上肢、下肢、胸部、腹部的穴位亦要全面拍打或揉压；成套动作一旦拍打穴位后不拍打穴位的空拍不得超过 8 拍（含第 8 拍）；成套动作至少要有两节左手持球拍打穴位的动作，每节不得少于 4×8 拍，可分开完成，也可集中完成；双球操要充分体现两球同时拍打穴位的特点。

☺ 艺术性：成套动作编排有层次，动作设计与选择科学合理，有良好的艺术构思；动作新颖、规范、舒展、优美，表现力强；队形分布合理、线条清晰、变化巧妙、流畅自然，有良好的观赏效果，全套动作至少有六次队形变化。

单人、双人、混合双人

这三个项目是近年被列入全国比赛的。它们的自编套路应符合参赛人员的年龄、身体状况、技术特点、运动能力，体现项目特点、音乐的风格和套路的独特性。

☺ 符合国家体育总局在《运动健身指南》的“老年人运动健身方案”

中提出的“有氧运动”“力量练习”“柔韧性练习”“平衡能力练习”和“灵活性练习”要求的健身原则。

☺ 健身球操器械必须符合《规则》要求（单球、双球任选），技术上保持击打、拍打、甩打、揉压穴位为主的保健特点；套路形式新颖，艺术上高标准。

☺ 根据健身球操“健身性、保健性、艺术性”要求创编。不得与规定套路雷同。

❸ 健身套路（集体）

☺ 符合国家体育总局关于在《运动健身指南》中提出的“有氧运动”“力量练习”“柔韧性练习”“平衡能力练习”和“灵活性练习”原则和健身球操运动的技术特点；充分发挥和利用健身球操器械在击打和揉压人体“经络”“穴位”方面的优势，以缓解和预防中老年人身体运动器官功能衰减的健身需求。

☺ 动作编排合理、美观，简便易学、利于普及。

☺ 每队上场队员为 8~12 人。

☞ 场地、时间、服饰、音乐要求

❶ 场地

☺ 集体项目

竞赛场地面积为 15×15 平方米，地面最好是地板或地毯，四周用 5 厘米宽的白色标志带做边线（该标志带属于比赛场内），室内为佳。

☺ 单人、双人、混合双人

竞赛场地面积为 12 × 12 平方米，地面最好是地板或地毯，四周用 5 厘米宽的白色标志带做边线（该标志带属于比赛场内），室内为佳。

❷ 时间（自编套路）

☺ 集体比赛成套动作时间为 4 分 10 秒至 4 分 30 秒。

☺ 单人、双人、混合双人比赛成套动作时间为 2 分 45 秒至 3 分 30 秒。

☺ 健身套路比赛成套动作时间为 3 分 30 秒至 4 分 30 秒。

☺ 比赛成套动作时间以场内第一人或集体动作开始时开表，至最后一个动作结束停表。

❸ 服饰

☺ 规定套路服饰要求

集体比赛运动员必须穿运动服、运动鞋，不允许戴帽子和头饰。

☺ 自编套路服饰要求

集体（单人、双人、混合双人）比赛运动员的服装要整齐、高雅、美观、大方。

A. 运动员应穿适合该项目的运动服或有民族色彩的服装，裙、袍最长至膝下 3 厘米，头饰不超过 5 厘米高，服装上可以有装饰物（如花边、亮片等），但不能影响动作和拍打穴位，不能佩戴有金属响声的装饰物。

B. 鞋应符合运动要求，不能穿硬底和带钉的鞋，鞋跟高度不得超过 2 厘米。

C. 运动员应穿统一的服装（男、女队员允许有别，但各自必须统一，女队员不得装扮成男队员）。

☺ 健身套路服饰要求

运动员的服装必须按《规则》要求，整齐一致。

④ 音乐

☺ 规定套路：音乐由大会准备，统一播放。

☺ 自编套路：音乐格调健康、旋律优美，音乐与动作风格统一，节奏鲜明、轻快，速度适宜。

☺ 音乐节奏：全套动作音乐的基本节奏为 10 秒 20 ~ 22 拍，部分慢板或快板可以低于或高于这个节奏（可达到 10 秒 18 ~ 24 拍）；音乐前奏不超过两个八拍，成套动作结束，音乐节奏应明显清晰。

☺ 音乐由各队自备，但必须制作在高质量的 U 盘中，U 盘内不允许有其他乐曲。

☺ 运动员在比赛过程中不得喊口令和伴唱。

☞ 计分方法、奖励办法

① 计分方法

规定套路和自编套路按比赛成绩分别计分。

❷ 奖励办法

比赛按规定套路和自编套路分别设奖（可由主办单位具体设置各类奖项）。

如2016年“全国健身球操之乡”交流活动规定：自编套路设优胜奖和优秀奖，颁发获奖牌匾；设最佳编排奖、最佳表演奖和最佳配乐奖及颁发个人参展纪念证书；设体育道德风尚奖，颁发给遵守纪律、服从管理，在交流活动中表现出良好道德风尚的代表队。

规则要点

☞ 评分方法

❶ 示分方法

比赛采用裁判员当场打分，裁判长公开出示最后得分的办法。考虑到中老年人的身心特点，也可不公开示分，于赛后将比赛得分表（根据出场顺序列表）发给参赛队。成套动作的满分为10分，评分精确到0.01分。

❷ 得分计算方法

每个裁判组一般由4~6名裁判员和1名裁判长进行评分。去掉最高和最低分，中间有效的平均分再减去裁判长扣分，即为最后得分。最后得分精确到0.01分。

❸ 动作错误的减分

各队在完成动作时，出现的各种姿态、技术、节奏、路线、方向和拍打穴位的准确性等错误，按错误程度，分轻微（减0.01 ~ 0.10分）、显著（减0.11 ~ 0.20分）、严重（减0.21 ~ 0.30分）进行减分。

☞ 评分内容

❶ 规定套路的评分

规定套路每节动作要求准确到位协调一致，步法和方向正确，姿态优美，有力度和幅度。成套动作的熟练、稳定等，是衡量规定套路完成质量的重要因素。凡达不到上述要求的表演均应减分。规定套路最高分为10分。

❷ 自编套路的评分

健身球操自编套路（集体项目）是按照规则的要求而创编，最高分为10分，其中组织编排5分，完成质量4分，总印象1分。

☺ 组织编排（5分）
A. 科学健身性（2.0分）
B. 保健性（1.5分）
C. 艺术性（1.5分）
☺ 完成质量（4分）
☺ 总印象（1分）

③ 其他减分原因

A. 装饰物（头饰、服饰、球的包布、鞋等）掉落。
B. 比赛过程中不允许球和柄触及地面。
C. 球或柄脱手。
D. 球掉地。
E. 跌倒。
F. 运动员从场外开始动作，场外结束动作。

④ 裁判长扣分

以下情况由裁判长从裁判员的平均分中扣除：

A. 成套动作时间超过或不足。
B. 音乐前奏超过两个八拍。
C. 音乐节奏不符合基本节奏要求。
D. 运动员越出比赛场地。
E. 教练员场外提示或运动员在表演过程中喊口令、伴唱。
F. 参赛队人数不足。
G. 混合组比赛时，参赛男运动员人数不符合规程要求。

⑤ 服装不符合要求

☺ 自编套路比赛服装不符合要求（裙裾过长、头饰过高、鞋和鞋跟不符合要求、服装不统一）。

☺ 规定套路比赛运动员不穿运动服、运动鞋，戴帽子、戴头饰。

基层竞赛组织与参与

竞赛组织

☞筹集一笔钱

“兵马未动，粮草先行。”经费是组织好竞赛的重要条件。基层的健身球操竞赛活动在“少花钱，多办事”的方针指导下，本着精打细算、厉行节约的原则，严格规划预算经费，经费的基本项目主要有器材费、服装费、设备费、活动费、场地费、奖励费等。其经费来源主要是专项拨款、社会集资、设杯引资、个人出资等。

☞搭好一个架

搭这一个架就是根据竞赛的规模、项目、性质、参加比赛的队数和人数来确定竞赛名称，如锦标赛、杯赛、邀请赛、选拔赛、表演赛或友谊赛等。竞赛要根据不同的目的，明确其工作任务。如在交流经验、提高技艺、确定名次、选拔人才等有关方面的目的和任务。

☞组一个班子

基层健身球操竞赛的组织班子不必完全拘泥于大中型运动会，但也要成立领导小组，下设竞赛组负责场地器材和裁判工作，并设办公室负责宣传报道、会务、医务和保卫等工作。要做到统一领导，分工明确，密切配合，机构不要重迭，人员不要过多，事事有人管，人人有事做。

☞定一个规程

健身球操竞赛的一切工作以规程为主要依据。这是赛前准备工作一个非常重要的环节。竞赛的工作人员、裁判员、领队、教练员和运动员都必须按照竞赛规程的有关规定参加比赛。竞赛规程内容应全面而简洁，既要符合规则要求，又要结合实际情况。其具体内容包括运动竞赛名称、竞赛的目的与任务、比赛日期和地点、参加单位和各单位参加人数、运动员参加资格、报名和报名日期、竞赛项目和各项目参加人数、比赛办法、竞赛规则、决定名次的方法、录取名次和奖励、裁判长（裁判员）的选调以及其他事项。

☞ 发一个通知

主办竞赛的单位要将健身球操竞赛通知和竞赛规程在比赛开始前一至两个月（或更长时间）发至各参赛单位，以便各单位有充分的时间来准备，保证竞赛质量和效果。

☞ 有一块场地

主办竞赛的单位至少要准备一块面积为 15 米 ×15 米的健身球操竞赛场地。地面最好是地板或地毯，四周用 5 厘米宽的白色标志带做边线（该标志带属于比赛场内），室内为佳。

☞ 调配裁判组

健身球操裁判员是依据运动会规程和竞赛规则评定运动队成绩和名次的人员。健身球操裁判员既是竞赛中的“执法人员”，又是竞赛进行的组织者和领导者。健身球操裁判员水平的高低直接影响运动员技术的发挥，也直接影响比赛的效果。因此，基层的健身球操比赛中的裁判员力求从与比赛无关人员中选出，以示独立、公正和无利益冲突。每个裁判组一般由 4~6 名裁判员和 1 名裁判长进行评分。

☞ 安全与保险

主办单位对参加老年人健身球操交流活动运动员的年龄和身体都应当有严格要求，禁止有伤病的运动员上场参赛。每次交流活动都要求各代表队要对本队参加人员的健康状况严格把关，加强管理，以本人自愿、亲属同意为原则。参加交流活动人员须自行购买人身意外伤害保险，并签署《自愿参赛责任书》，在报到时向组委会出示保单原件和《自愿参赛责任书》，未提供者均不允许参加交流活动。如出现任何意外情况，主承办单位将不承担任何责任。

个人如何才能参与基层竞赛活动

一本好书犹如一把钥匙，将为你开启一扇大门。当你通过这本书学到健身球操的知识后，一定会参加到锻炼队伍中的。这里讲一个参与健身球操活动的故事。

有一位运动保健（医学）专业的体育学院学生，不喜欢运动，毕业后做体了育运动队医务保健工作。之后调入公安系统做法医工作。去年退休了，有些不适应当前的生活，身体也出现不好的状况，经朋友开导参加了一些体育活动。她偶然得到一个健身球操器械，开始拍打身体，经历了从最初身体的疼痛到逐渐适应，再到有舒适感觉的全过程。因为她懂中医，又擅长接骨、按摩，所以击打穴位准确，力度适当，身体渐渐好起来，旁人都认为她是健身球操高手。今年，单位为组团参加市老年人运动会，通知她参加了健身球操培训班，学习相关理论知识和规定套路，加入单位老年健身球操代表队训练。经过近半年的努力，她的运动技能提高不少，逐步跟上全队水平。今年，单位代表队获得市老年人运动会健身球操优胜奖，也重新书写了她的退休人生。

你要参加到健身球操活动中，就应当像她那样做好以下工作：

☞ 准备一套行头，加入一个团队

一套行头应当包括一套合身的运动服和鞋，还有必不可少的一个健身球操器械。

运动服是专用于体育运动竞赛的服装，讲求防水、防风的舒适性，透湿、透气性，能满足运动者奔跑、跳跃的需求。运动鞋的鞋底和普通皮鞋、胶鞋不同，一般都是柔软而富有弹性，能起一定的缓冲作用，运动时能增强弹跳力。

关于器械，初学者可先选用单球，方便学习使用。

最重要的是你一定要加入一个健身球操团队，不管是社区的、街道的、单位的还是市、县的。这种团队是以健身为目的，由群众自主成立，自愿参与活动的群众性健身群体和组织。大家为追求健康开展各种活动，享受在目标实现过程中的内心满足感、愉悦感和成就感，还有一大批新结识的志同道合的朋友们。

☞ 接受专业培训

你加入团队了，但是离想象中的目标还有相当的距离。团队虽好，但由于成员构成不平衡，老人多而中青年少，女人多而男人少，更主要的是活动开展缺乏指导，尤其是缺乏技能指导，仅靠队友之间的相互帮助是不够的，在一定程度上影响了团队的发展和个人的进步。因此，大多数健身球操爱好者应当积极参加由老年人体协主办的健身球操培训班，学理论，学规则，学规定套路，学习创作自编。总之，当你学习了、考过了，手捧培训合格证书，不仅有自豪，更有想展翅高飞的理想。只要你好好学、好好练，总有一天会实现自己的理想。

☞ 参加各种展示交流

“学如逆水行舟，不进则退”。健身球操的各种练习是学习的一种形式，而参加健身球操各种展示交流活动，则是另一种学习方式。现代群众性体育活动的显著特征之一，是把体育锻炼与群众性的体育竞赛活动密切地联系在一起。丰富多彩的群众性体育竞赛活动不仅可以活跃人民群众的文化娱乐活动，也是直接促进和刺激更多的人群参与体育锻炼的有效“催化剂”，更主要的是通过各队之间的展示交流，人们才知道什么叫健、什么叫美、什么叫更健、什么叫更美。“他山之石，可以攻玉”，通过展示交流，不同风格、不同水平的运动队之间搭起桥梁，队员之间建立友谊，交流经验和心得体会，相互学习，取长补短，共同提高，促进健身球操的发展。

☞ 收获健康快乐

“万事开头难”，只要你走进健身球操大军的行列，就会得到健康和快乐。最后还有几点注意事项：

❶ 找一个合适的伙伴

在团队里找一个有长远健身计划的朋友一起锻炼，有助于你更好地执行健身计划。但这并不代表任何一位朋友都能做到这一点，你的朋友应该有着更高的健身自觉性。有这样的伙伴会比自己单独健身获得的效果要好，并且两人能相互支持、相互鼓励，从群体责任感中受益。

❷ 保持运动健身的经常性，持之以恒

由于健身频率比健身时间或运动形式更能影响到你的健身毅力，因此你每周必须运动 3~5 天以保持一定的健身势头，才能确保将健身养成良好的习惯。

❸ 多种运动的选择

除了练习健身球操外，还要多学习几项表演类运动项目，如健身秧歌、广场操舞等。因为人对于某种健身运动的热情可能会在几个月或一段时期内消退，所以要学会驾驭自己的运动热情。如果你觉得没有了热情，或无法再提高了，就马上换一换运动形式，以保持自己的健身热度。

附录一：

历次全国健身球操交流活动一览表

年份	届次	举办城市
1998 年	第一届	河南省荥阳市
1999 年	第二届	湖北省襄樊市
2000 年	第三届	云南省昆明市
2001 年	第四届	浙江省舟山市
2002 年	第五届	四川省德阳市
2003 年	第六届	湖南省长沙市
2004 年	第七届	山西省大同市
2005 年	第八届	广东省韶关市
2006 年	第九届	海南省海口市
2007 年	第十届	新疆维吾尔自治区乌鲁木齐市
2008 年	第十一届	广西壮族自治区南宁市
2009 年	第十二届暨第一届全国老年人体育健身大会健身球操交流活动	浙江省桐庐县
2010 年	第十三届	上海市张江镇
2011 年	第十四届	福建省厦门市
2012 年	第十五届	山东省青岛市
2013 年	第十六届暨第二届全国老年人体育健身大会健身球操交流活动	河南省焦作市
2014 年	第十七届	浙江省建德市
2015 年	第十八届	江苏省昆山市
2016 年	第十九届	云南省德宏州芒市
2017 年	第二十届暨第三届全国老年人体育健身大会健身球操交流活动	新疆维吾尔自治区奎屯市

附录二：

全国“健身球操之乡”名单

第一批“全国健身球操之乡”名单（2008年）

内蒙古	通辽市科尔沁区
上 海	闵行区莘庄镇、长宁区新泾镇、浦东区沪东新村街道、浦东新区张江镇
江 苏	南京栖霞区、南京市雨花台区、昆山市、亭湖区
浙 江	金华市东阳市
安 徽	阜阳市颍州区
山 东	济南平阴县、青岛市李沧区、青岛市市北区、烟台市牟平区、烟台市芝罘区、烟台市莱州市、招远市、肥城市
湖 北	武穴市
湖 南	邵阳大祥区、邵阳洞口县
广 东	中山市石岐区
重 庆	九龙坡区
四 川	德阳市什邡市、凉山州西昌市
甘 肃	平凉市庄浪县
深 圳	沙井街道

第二批“全国健身球操之乡”名单（2015 年）

河　北	石家庄市新华区、石家庄市栾城区、石家庄市平山县、邢台市威县
山　西	吕梁孝义市
内蒙古	呼和浩特市回民区、呼伦贝尔扎兰屯市
吉　林	四平市铁东区、长春市双阳区、通化市二道江区
江　苏	扬州市广陵区湾头镇
浙　江	杭州建德市、杭州富阳市、杭州市江干区笕桥街道
安　徽	阜阳市临泉县
福　建	宁德福安市
山　东	威海市环翠区
湖　南	娄底市娄星区
广　西	来宾市武宣县
重　庆	璧山区
四　川	彭州市
贵　州	毕节市黔西县、遵义市湄潭县
云　南	德宏州芒市，西双版纳州景洪市、勐海县
陕　西	铜川市耀州区、西安市雁塔区
新　疆	伊犁哈萨克自治州奎屯市、阿克苏地区库车县、阿克苏地区温宿县、阿克苏地区沙雅县
大　连	西岗区
青　岛	市南区、城阳区、黄岛东区
深　圳	福田区

附录三：

《健身球操裁判员技术等级管理办法（试行）》

一、总则

（一）健身球操裁判员技术等级制度系非职务的资格认定，属社会体育工作的职责与荣誉。旨在提高该项运动的技术水平，推动群众性健身球操运动的广泛开展，促进老年人的身心健康，为社会主义精神文明建设和构建和谐社会做出贡献。

（二）热爱老年体育事业，热心健身球操裁判工作，努力钻研该项运动竞赛规则和裁判法，熟悉健身球操运动技术，作风正派，在执行裁判工作中做到严肃、认真、公正、准确，身体健康，并具有良好的文化素质。

（三）健身球操裁判员应从该项运动骨干中产生，既是竞赛的裁判员，又是健身球操运动技术的指导员，通过竞赛和技术指导工作，不断提高群众性健身球操运动技术的水平。

（四）健身球操裁判员技术等级分为：国家级裁判员、一级裁判员、二级裁判员、三级裁判员，另设荣誉级裁判员。

（五）裁判员年龄在 70（含 70）周岁以下。

（六）各等级裁判员须经过培训并考试合格。

二、技术要求

（一）国家级裁判员

1. 精通该项运动技术、竞赛规则和裁判法，并能准确、熟练运用，具有较高的运动技术、裁判理论和丰富的实践经验。具有组织该项运动的训练和全国竞赛和全面裁判的能力。

2. 在全国老年人健身球操竞赛中担任正、副裁判长职务 2 次以上，或担任主要执行裁判员 3 次以上。

3. 具有一级裁判员经历 3 年以上。

4. 具有培训一级及其以下各级裁判员的能力。

5. 参加国家级裁判员培训并经考试合格。

（二）一级裁判员

1. 熟练地掌握运用该项运动技术、竞赛规则和裁判法。具有较高的运动技术、裁判理论和实践经验。具有组织该项运动省级（全国行业）竞赛、训练和全面裁判的能力。

2. 担任省级（全国行业）健身球操竞赛正、副裁判长职务 2 次以上，或在全国及省级（全国行业）竞赛中担任主要执行裁判员 3 次以上。

3. 具有二级裁判员经历 2 年以上。

4. 具有培训二、三级裁判员的能力。

5. 参加一级裁判员培训并经考试合格。

（三）二级裁判员

1. 熟悉该项运动的训练、竞赛规则和裁判法，并能准确运用。

2. 从事省级（全国行业）健身球操竞赛裁判工作 2 次以上，并胜任市（县）级健身球操竞赛裁判长职务工作。

3. 具有三级裁判员经历 1 年以上。

（四）三级裁判员

熟练该项运动技术和竞赛规则，并能正确运用。担任市（县）级健身球操竞赛裁判工作经历 1 年以上。

（五）荣誉裁判员

从事一级裁判员工作经历 5 年以上，一贯积极参加该项运动技术训练和竞赛裁判工作，年龄在 71 周岁以上，可授予荣誉裁判员，并颁发荣誉裁判员证书。

三、申请与审批手续

（一）具备申请技术等级条件的裁判员，由本人填写申报表，经所在单位和当地老年人体协签署意见后，报上一级老年人体协审批。

（二）国家级裁判员、一级裁判员除进行必要的考试外，还须经过理论考试。国家级裁判员考核、考试由中国老年人体协负责，一级裁判员考核、考试由省、自治区、直辖市和行业老年人体协负责。考试科目和办法分别由中国老年人体协和省（区、市）、行业老年人体协根据规定条件制定。

（三）批准授予健身球操裁判员技术等级称号的权限是：国家级裁判员和荣誉裁判员由中国老年人体协批准授予。一级裁判员由省（区、市）、新疆生产建设兵团和行业老年人体协批准授予。二、三级裁判员由市（地）、县（市、区）级老年人体协批准授予。

四、等级裁判员的管理

各级老年人体协要建立本地区健身球操等级裁判员管理档案，做好等级裁判员的培训、晋级和考试工作。并将所批准的等级裁判员报上一级老年人体协备案。

五、等级裁判员证书由中国老年人体协统一印制。

中国老年人体协

2007年4月18日

附录四：

《健身球操教练员技术等级管理办法（试行）》

第一条 为加强健身球操教练员队伍的建设与管理，特制定本管理办法。

第二条 健身球操教练员的技术培训由中国老年人体育协会组织实施，技术等级、标准和称号由中国老年人体育协会制定。中国老年人体育协会可委托具备条件的各级老年人体育协会组织培训健身球操教练员并授予相应的技术等级称号。

第三条 健身球操教练员技术等级分为：三级教练员、二级教练员、一级教练员和国家级教练员。

第四条 健身球操教练员需思想品德良好，遵纪守法，热爱老年体育工作，热爱健身球操事业。身体健康，年龄 20 至 65 岁。

第五条 各级健身球操教练员需具备以下条件：

（一）三级教练员

1. 参加健身球操运动 2 年以上，了解健身球操运动和体育锻炼、比赛的基本知识，初步掌握健身球操的教学和训练方法。

2. 参加县、区级以上（含县、区级）老年人体育协会举办的健身球操教练员培训班学习，并且理论和技术实践考核成绩合格。

3. 能够担任县、乡、镇、街道健身球操活动的组织和教学工作。

（二）二级教练员

1. 获得三级健身球操教练员资格证书 2 年以上（含 2 年）。

2. 从事健身球操教学工作 3 年以上，基本掌握健身球操运动理论知识和技术水平，具有一定的教学方法和实践训练经验。

3. 参加市级以上（含市级）老年人体育协会举办的健身球操教练员培训班学习，并且理论和技术实践考核成绩合格。

4. 能够担任市级健身球操活动的组织和教学工作。

5. 能够担任三级健身球操教练员的培训工作。

（三）一级教练员

1. 获得二级健身球操教练员资格证书 2 年以上（含 2 年）。

2. 从事健身球操教学工作 4 年以上，熟练掌握健身球操运动理论知识和技术水平，具有良好的教学方法和实践训练经验。

3. 参加省级以上（含省级）老年人体育协会举办的健身球操教练员培训班学习 2 次以上（含 2 次），理论和技术实践考核成绩合格。

4. 积极从事健身球操运动理论研究，具有一定的科研能力。

5. 能够担任省级健身球操活动的组织和教学工作并在省级比赛交流中取得较好成绩。

6. 能够担任二级健身球操教练员的培训工作。

（四）国家级教练员

1. 获得一级健身球操教练员等级证书 2 年以上（含 2 年）。

2. 从事健身球操教学工作 5 年以上，全面系统掌握健身球操运动理论知识和技术水平，具有丰富的教学经验和创新、创编能力。

3. 参加中国老年人体育协会举办的全国健身球操教练员、裁判员培训班学习 3 次以上（含 3 次），理论和技术实践考核成绩良好。

4. 对健身球操运动的理论有系统的研究，取得一定的教研成果。

5. 能够担任一级教练员的培训工作并在全国性比赛交流中取得较突出的成绩。

第六条 申请等级称号的特许条件：在普及推广、创编、培训中作出突出贡献和在全国健身球操比赛交流中取得优异成绩的；高等体育专业学历的人员、在职体育教师、教练员，在申请健身球操教练员技术等级相应称号时，可适当放宽培训考核、从事健身球操教练员年限和等级晋升的标准。可破格或越级晋升，年龄不限。

第七条 申报与审批程序

（一）具备申请技术等级条件的教练员，由本人填写申请表，附有相应级别的健身球操教练员培训合格证书，经当地老年人体育协会签署审核意见，报有审批权限的老年人体育协会审批。申请晋级者还需提交原等级证书复印件。

（二）各级健身球操教练员的批准权限为：三级教练员由县、区级老年人体育协会批准授予、颁发相应的技术等级证书；二级教练员由市级老年人体育协会批准授予、颁发相应的技术等级证书；一级教练员由省、自治区、直辖市、单列市老年人体育协会批准授予、颁发相应的技术等级证书；国家级教练员由中国老年人体育协会批准授予、颁发相应的技术等级证书。

第八条 注册管理

（一）各级老年人体育协会要建立健身球操等级教练员管理档案，做好等级教练员的培训、考核、审批、登记、管理，并将等级教练员资料报上一级老年人体育协会备案。

（二）等级教练员资格证书，由中国老年人体育协会统一制作、统一编号。各级老年人体育协会按成本价向中国老年人体育协会购买证书。

（三）等级教练员如连续 2 年没有教学工作记录（以教练员证书登记栏内盖培训单位公章为准），需重新参加原颁发证书老年人体育协会举办的教练员培训班，再次审核、盖章确认或由原颁发证书的老年人体育协会的主管负责人签字确认。

第九条 等级教练员如违反有关规定，各级老年人体育协会会可视情节轻重给予批评教育、责令改过、降低等级或撤销其技术等级称号的处罚。

第十条　健身球操教练员技术等级管理办法，由中国老年人体育协会制定，其解释权、修改权属中国老年人体育协会。

第十一条　本管理办法自颁布之日起施行。

中国老年人体协

2016 年 2 月 25 日

附录五：

规定套路视频选

第 1 套

第 6 套

第 7 套

第 9 套

第 10 套

第 11 套

图书在版编目(CIP)数据

健身球操 / 中国老年人体育协会编. –北京：人民体育出版社，2018

（老年人科学健身指导丛书）

ISBN 978-7-5009-5196-4

Ⅰ. ①健… Ⅱ. ①中… Ⅲ. ①健身球运动–基本知识 Ⅳ. ①G849.9

中国版本图书馆 CIP 数据核字(2017)第 165390 号

*

人 民 体 育 出 版 社 出 版 发 行
中 国 铁 道 出 版 社 印 刷 厂 印 刷
新 华 书 店 经 销

*

787×1092 16 开本 9 印张 140 千字
2018 年 12 月第 1 版 2018 年 12 月第 1 次印刷
印数:1—3,000 册

*

ISBN 978-7-5009-5196-4
定价:40.00 元

社址：北京市东城区体育馆路 8 号（天坛公园东门）
电话：67151482（发行部） 邮编：100061
传真：67151483 邮购：67118491
网址：www.sportspublish.cn
（购买本社图书，如遇有缺损页可与发行部联系）